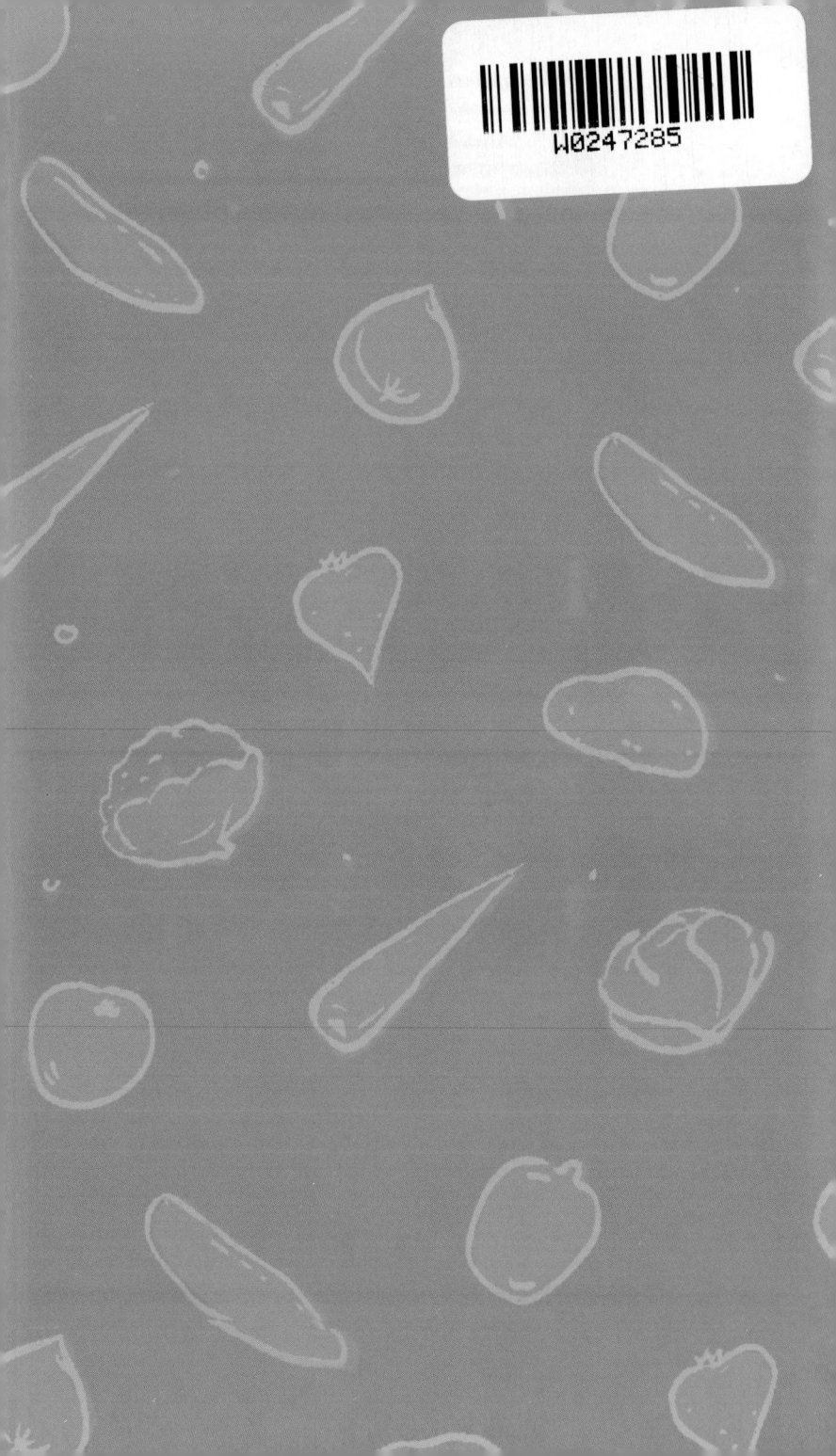

Die Rheinisch Ökologische Gemüse-Tüte

Das Kochbuch

Christoph Dornbusch

Die Rheinisch Ökologische
Gemüse-Tüte
Das Kochbuch

Illustrationen von
Norman Junge

J.P. BACHEM VERLAG

Die Rezepte und Texte wurden von den Mitarbeitern
der ÖkoFrisch GmbH erstellt.

Alles Wissenswerte über die Rheinisch Ökologische
Gemüse-Tüte sowie die Adressen der Anbieter und
wöchentlich neue Rezepte finden Sie im Internet unter:
www.gemuesetuete.de

Die Idee zu diesem Kochbuch stammt von dem Buch-
händler und Gemüse-Tüte-Fan Alexander Bücken.

Die Deutsche Bibliothek – CIP-Einheitsaufnahme

Ein Titeldatensatz für diese Publikation ist bei
der Deutschen Bibliothek erhältlich.

1. Auflage 2002
© J. P. Bachem Verlag, Köln
© Illustrationen: Norman Junge.
Die Illustration auf S. 132 von Norman Junge stammt aus:
Erwin Grosche: „Der Schlafbewacher", © Gabriel Verlag
im K. Thienemanns Verlag, Stuttgart - Wien
Umschlag, Satz und Innenlayout:
Jan Ü. Krauthäuser, kultur+reklame, Köln
Druck: Druckerei J.P. Bachem GmbH & Co KG Köln
Printed in Germany
ISBN 3-7616-1597-3

Wie das Gemüse
in die Tüte kommt

Vor fünf Jahren haben wir mit der Rheinisch Ökologischen Gemüse-Tüte begonnen, wöchentlich eine bunte Auswahl an erntefrischen Gemüsen anzubieten. Rheinisch & ökologisch – das steht für beste Qualität, die alle Gemüsesorten meint, welche die Bio-Landwirtschaft unserer Region während der Jahreszeiten hervor- und auf kürzestem Weg in die rheinischen Küchen bringt. Genauso wichtig wie die möglichst regionale Herkunft und die ökologische Qualität ist bei unserem Frische-Abo, dass wir für jede Zutat ein Rezept vorschlagen. Die Frage »Was soll ich kochen?« lässt sich deshalb schon beim Abholen der Gemüse-Tüte im Bioladen oder Reformhaus abhaken. Dass unsere Rezepte nicht nur funktionieren, sondern auch Spaß machen und einen wirklich neuen Geschmack in viele Küchen bringen, erfahren wir immer wieder aus Rückmeldungen unserer Kundinnen und Kunden. Die Idee, unsere Rezepte als Kochbuch herauszugeben, ist dabei schon häufig an uns herangetragen worden. Jetzt ist es endlich so weit - das Ergebnis halten Sie in Ihren Händen. Wir hoffen, Ihnen damit schöne Kocherlebnisse und viele leckere Mahlzeiten zu bescheren!

Inhalt

Basics

Rezepte

Basics

Die Gemüse-Tüte-Küche

Koche ich heute mit dem Bauch oder mit dem Kopf, also lieber lecker und für den sinnlichen Genuss oder aber besser gesund und vernünftig? Häufig stehen wir in der Küche und glauben, als Erstes eine solche Grundsatz-entscheidung treffen zu müssen. Aber die Gemüse-Tüte-Küche bietet beides. Denn gesund und lecker muss kein Widerspruch sein – im Gegenteil, es verträgt sich auf das Allerbeste! Testen Sie es im kulinarischen Selbstversuch: Zum Beispiel Antipasti aus Fenchel und Möhren mit Kapernsauce. Dazu wird das klein geschnittene Gemüse in Olivenöl angebraten, mit Balsamessig, Wasser und Apfeldicksaft abgelöscht und anschließend mit einer Kapernsauce auf der Basis von Eigelb, Zitronensaft, Zucker, Weißweinessig und Maiskeimöl serviert (Rezept S. 36).

Wichtig ist, dass Sie frische und hochwertige Zutaten verwenden und diese entsprechend ihren besonderen Eigenschaften verarbeiten. Das heißt vor allem, sie nicht zu zerkochen, damit sie ihren spezifischen Geschmack ebenso wie ihre Nährstoffe behalten, oder sie mit Instantprodukten ihres Charakters zu berauben! Wenn dies berücksichtigt wird, bietet die große Vielfalt an saisonalem und regionalem Gemüse als Salat, Suppe, Gratin, Pfannen-, Reis- oder Nudelgericht eine riesige Auswahl meist einfacher und schnell zuzubereitender, vor allem aber schmackhafter und gesunder Speisen.

Ein Wort zu hochwertigen Zutaten: Für uns heißt das Bio. Natürlich gibt es Landwirte, die auch ohne Bio-Zertifikat und Kontrollen Produkte von hoher Qualität erzeugen. Nur muss man diese leider mit der Lupe suchen. Wer im Geschäft oder auf dem Markt beispielsweise einen Blumenkohl erwerben möchte, der nicht schon auf dem Feld mit Nitraten und Kunstdünger vollgepumpt worden ist, kommt gar nicht an den Erzeugnissen der biologischen Landwirtschaft vorbei. Aber testen Sie gerade bei diesem Gemüse einmal den Unterschied!
Schaut man in den wirklich guten Restaurants einmal

in die Töpfe und Pfannen, findet man darin viele Zutaten aus biologischem Anbau. Denn gute Köche wissen: Bio schmeckt besser! Das liegt hauptsächlich daran, dass sowohl pflanzliche als auch tierische Lebensmittel in der Bio-Landwirtschaft unter anderen Kriterien als Masse und Haltbarkeit erzeugt werden. Da gesunde Pflanzen und Böden das Grundkapital der Biohöfe bilden, sind dort die beiden wichtigsten Zutaten für hochwertige Lebensmittel schon vorhanden. Dass chemiefrei erzeugtes Gemüse nicht wie manche Industrie-Tomate wochenlang haltbar ist, mag mancher als Nachteil empfinden, aber das liegt nun einmal in der Natur der Dinge. Genauso natürlich ist, dass Gemüse schon einmal einen optischen Makel haben kann oder dass es sich die Blattläuse im Salat gemütlich gemacht haben. Die Entscheidung, entweder das Salatfeld durch Pestizide für harmlose Läuse unbewohnbar zu machen oder aber den Salat notfalls eben mehrmals zu waschen, sollte nicht schwer fallen. Immerhin stehen nicht nur die Umweltbilanz, sondern auch der gesundheitliche Wert und – last not least – der Geschmack Ihrer Mahlzeit auf dem Spiel.

Um es einmal bildhaft auszudrücken, könnte man unsere Gemüse-Tüte-Küche als Ausflug des rheinischen Gemüsegartens an das Mittelmeer bezeichnen, wo einfache und hochwertige Gerichte seit jeher für eine hohe Lebenserwartung und viel Zungenschnalzen sorgen. Tierische Fette wie Butter oder Schmalz spielen in der mediterranen Küche nur eine untergeordnete Rolle, wohingegen pflanzliche Öle – mitsamt ihren essenziellen Inhaltsstoffen – ruhig reichlich verwendet und genossen werden können. Bei Fleisch, Milchprodukten, Eiern und Fisch gilt generell, dass der kulinarische und gesundheitliche Nutzen in dem Maße steigt, in dem wir der Tierwelt und ihren Lebensräumen gerecht werden. Konkret heißt das, Fleisch nur sparsam und tierische Lebensmittel möglichst aus artgerechter Tierhaltung zu verwenden.

Mit allen Sinnen:

Einkauf

Der schlechteste Wegweiser für den Einkauf wirklich hochwertiger Gemüse besteht darin, sie nur nach möglichst tadellosem Aussehen auszusuchen. Die Tomate, die nach zwei Wochen im Kühlschrank immer noch zum Anbeißen aussieht, hat kulinarisch und ernährungsphysiologisch in der Regel nichts zu bieten. Wählen Sie die Zutaten deshalb stets mit allen Sinnen aus: Probieren Sie ruhig einmal, ob die Möhren auch so gut schmecken, wie sie aussehen, prüfen Sie die Festigkeit der Kohlrabi oder Rüben, lassen Sie den Salat ruhig liegen, wenn er muffig riecht, und fragen Sie Ihren Händler, welche seiner Gemüse besonders frisch sind. Wenn Sie sich dabei vom saisonalen Angebot des rheinischen Gemüsegartens inspirieren lassen, kaufen Sie fast automatisch frisch, gesund, preiswert und umweltfreundlich ein.

Eine wichtige Voraussetzung für einen guten Einkauf ist auch, die Zutaten beim Essen noch einmal auf der Zunge Revue passieren zu lassen. Wirklich schmackhafte, also zarte und süße Möhren sind beispielsweise selten diejenigen, die im Gemüseregal am kräftigsten leuchten und um unsere Aufmerksamkeit buhlen. Erinnern Sie sich stattdessen beim Einkaufen an den Geschmack von besonders wohlschmeckenden und hochwertigen Produkten, aus denen Sie wunderbare Gerichte zubereitet haben.

Wenn Sie als Basis-Lebensmittel Kartoffeln, Möhren und Zwiebeln im Haus haben, lässt sich übrigens mit jedem Gemüse, das gerade Saison hat, auch schnell eine feine Suppe, ein Salat oder Gratin improvisieren.

Lagerung

Ein häufiger Anblick in deutschen Küchen ist der Bund Petersilie, der im Wasserglas kraftlos seine gelben Blätter hängen lässt, anstatt frisch zu bleiben. Das ist kein Wunder, denn über die offenen Schnittstellen entzieht das Wasser dem Gewächs seine Inhaltsstoffe. Die richtige Lagerung ist ein wesentlicher Punkt für die gute Küche. Denn schnell passiert es, dass einem die Zutaten, die man im Geschäft noch prall und knackig in die Tasche gepackt hat, zu Hause bereits zwei Tage später saft- und kraftlos entgegenblicken. Und irgendwann hat auch das beste Gemüse seine Geschmacksintensität verloren.

In erster Linie gilt natürlich, die Produkte so frisch wie möglich zu verwerten. Doch manche Gemüsesorten – wie beispielsweise Weißkohl – halten bei richtiger Aufbewahrung auch mehrere Wochen. Andere hingegen sind sehr viel sensibler; vorsichtig behandelt überstehen aber auch sie einige Tage im Kühlschrank.

• **Kräuter** halten sich am besten, wenn sie in ein feuchtes Tuch eingewickelt im Kühlschrank gelagert werden.

• Zur Lagerung von **Gemüse** eignet sich am allerbesten – nomen est omen – das Gemüsefach, da die trockene Luft des Kühlschranks so manches Gewächs sonst seiner Frische und wertvoller Inhaltsstoffe beraubt. Ideal sind 0° C und eine hohe Luftfeuchtigkeit. Besonders empfindliche Gemüsesorten wie Spargel oder auch Blattsalate schlägt man am besten in ein feuchtes Tuch ein und legt sie dann in das Gemüsefach.

• **Gewürze** sollte man stets trocken und dunkel aufbewahren, da sie andernfalls schnell das Aroma verlieren. Hier bieten sich kleine Blechdosen oder dunkle Gläschen mit Schraubverschluss an.

• Dunkel und trocken, das gilt auch für **Knoblauch** und **Zwiebel**, die am besten in einer Papier- oder Stofftüte im Küchenschrank gelagert werden.

Die Grundausstattung

Trifft man in einer Küche auf eine beeindruckende Gewürz-, Öl- und Essigsammlung, bewahrheitet sich zumeist eine einfache Faustregel: Man nehme die Anzahl der Gewürze und multipliziere sie erst mit den diversen Frucht- und Kräuteressigen und dann mit den verschiedenen Speiseölen. Zieht man aus diesem Ergebnis dann die Wurzel, liegt man ziemlich nahe an der Anzahl der Monate, seitdem diese Lebensmittel durchschnittlich ihr Mindesthaltbarkeitsdatum überschritten haben - und das meist, ohne dass auch nur annähernd ein Drittel davon verbraucht ist. Die simple Moral dieser Geschichte lautet, dass eine kleine Auswahl hochwertiger und häufig benutzter Zutaten ein besseres Fundament für eine leckere und gesunde Küche bietet als die eben beschriebene beeindruckende Ansammlung.

Das Gleiche gilt auch für die technische Grundausstattung: Lieber drei gute und scharfe Messer als einen martialischen Messerblock mit 27 verschiedenen Nebenprodukten der Weltraumforschung. Spätestens beim Hacken einer Zwiebel merkt man den kleinen Unterschied, der sich dann in der feinen Sauce oder im Dressing rächt oder eben doch bezahlt macht.

Für die Gemüse-Tüte-Küche haben wir deshalb folgende Grundausstattung zusammengestellt:

• **Gewürze und Kräuter:** Gewürze sollten immer möglichst frisch gemahlen oder zerstoßen werden, weil sie nur so ihr volles Aroma in ein Gericht einbringen können. Kräuter schmecken natürlich am besten, wenn sie frisch sind. Da jedoch in unseren Breitengraden nicht immer alle Sorten erhältlich sind, sollten sie getrocknet nur in möglichst kleinen Mengen eingekauft und gelagert werden. Anstatt einer großen Sammlung benötigt man in der Regel nur: Meersalz, frischen schwarzen & weißen Pfeffer,

Thymian, Majoran, Salbei, Dill, Muskat, Ingwer, Kreuzkümmel, Paprika- und Currypulver.

• **Gemüsebrühe und selbst gemachter Fond:** Während
die körnige Gemüsebrühe das einzige wirklich sinnvolle
Instantprodukt ist, benötigt ein selbst gemachter Fond
schon etwas mehr Aufwand. Hierfür kocht man Gemüse
und / oder Gemüsereste von Möhren über Zwiebeln und
Lauch bis Sellerie mit Meersalz und Pfeffer in einem
großen Topf mit Wasser, wobei durch das Einkochen
(Reduzieren) der Flüssigkeit eine kräftige Brühe entsteht.
Als Grundlage eignet sich auch ganz hervorragend das
Kochwasser von z. B. Brokkoli, Blumenkohl oder Spargel.
Solch ein Fond wird anschließend portioniert und bis zur
weiteren Verwendung im Gefrierfach aufbewahrt.

• **Öle:** Oliven- und Distel- oder Sonnenblumenöl, das
sowohl aus geschmacklichen als auch gesundheitlichen
Aspekten kalt gepresst (nativ) sein sollte.

• **Essig:** Hier genügen zwei Sorten, und zwar Weißwein-
und Balsamessig.

• **Zum Süßen:** Apfeldicksaft oder Ahornsirup, z. B. für
süß-saure Dressings.

• **Utensilien:** Pfeffermühle, Muskat- und Käsereibe, Mixer
oder Pürierstab, scharfe Messer (vom großen zum Öffnen
von Kürbissen und feinen Hacken von Zwiebeln über das
gewellte für Tomaten bis zu einem kleinen Allzweckmes-
ser), Knoblauchpresse, Sparschäler, Mörser & Stößel,
Salatsaucen-Shaker, eine Gemüsebürste und ein Sieb-
einsatz zum schonenden Garen in Wasserdampf.

Die Grundtechniken

Schlechtes Timing hat schon so manches Gericht und die Freude daran gründlich verdorben. Bereiten Sie deshalb möglichst alle Zutaten vor, bevor Sie mit dem Kochen beginnen. Waschen, schneiden oder hacken Sie die Gemüse und stellen Sie sie in Schalen oder Tellern griffbereit auf die Arbeitsfläche. Denn zerkochtes Gemüse entsteht meistens, weil man parallel dringend noch andere Arbeiten erledigen muss. Wenn Sie das eigentliche Kochgeschehen und seine Vorbereitung trennen, können Sie Ihr Programm nicht nur in aller Seelenruhe abarbeiten, sondern auch Ihre Küche dabei schon wieder weitgehend in den Ausgangszustand versetzen.

• **Andünsten:** Z. B. Zwiebeln oder Lauch in etwas heißem Öl glasig garen, aber nicht bräunen.

• **Dünsten:** Garen von Gemüse mit etwas Öl oder Butter bei mittlerer Hitze im (mehr oder weniger) geschlossenen Topf. Je nach Gemüse und Geschmack etwas Wein, Gemüsebrühe oder Wasser angießen und bissfest oder weicher dünsten.

• **Blanchieren:** Kurzes Garen von Gemüse in kochendem Wasser. Je nach Geschmack und Verwendung auf den Punkt kochen und dann kalt abschrecken. Die kurze Garzeit schont und erschließt wertvolle Inhaltsstoffe, kaltes Wasser stoppt den Garprozess und erhält die kräftigen Farben. Blanchiertes Gemüse lässt sich hervorragend einfrieren.
Grundsätzlich gilt: Je länger die Garzeit, desto weniger Inhaltsstoffe bleiben erhalten. Ausnahmen bilden z. B. Kartoffeln, deren Kohlenhydrate in rohem Zustand unverdaulich sind, oder Weißkohl, dessen hoher Vitamin-C-Gehalt erst durch Hitze entsteht.

• **Reduzieren:** Einkochen von Saucen und Suppen, um den Geschmack zu intensivieren. Durch das Reduzieren des Volumens erhält man kräftige und gehaltvolle Aromen. So kann der Fond für eine wirklich aufwändige Sauce schon einmal von zehn auf einen halben Liter eindampfen - aber der hat es dann in sich!

• **Binden:** Andicken von Suppen und Saucen.
Mit Sahne oder Crème fraîche: Einfach in die Suppe oder Sauce einrühren, eventuell noch einmal kurz aufkochen. Je höher der Fettgehalt, desto dicker die Sauce.
Mit Ei: Den Topf von der Herdplatte nehmen und das Eigelb mit dem Schneebesen unterschlagen. Nicht mehr aufkochen! Das Legieren genannte Verfahren eignet sich am besten für helle Saucen zu Geflügel oder Fisch.
Mit Butter: Topf von der Herdplatte nehmen und eisgekühlte Butterflöckchen mit dem Schneebesen einarbeiten (montieren). Nicht mehr erhitzen!
Mit Mehl: Für die klassische Mehlschwitze zerlässt man bei mittlerer Hitze z. B. 100 g Butter und streut dann nach und nach die gleiche Menge an Mehl (Typ 405) ein, das man mit dem Schneebesen einarbeitet, bis keine Bläschen mehr entstehen. Mit der Mehlschwitze kann man dann wunderbar z. B. Bratensaucen binden.

• **Shaken:** Zutaten einer Salatsauce in einem geschlossenen Glas zu einem gut durchmischten Dressing schütteln.

Gemüsekunde

Aubergine

Während man die Aubergine in Indien bereits seit 4.000 Jahren anbaut und verzehrt, hat die westeuropäische Küche sie erst in den letzten Jahrzehnten kennen und schätzen gelernt. Vorreiter waren die mediterranen Länder, wo sie nicht nur klimatisch besonders gut gedeiht, sondern auch ein maßgeschneidertes kulinarisches Umfeld gefunden hat. Denn ohne Olivenöl ist der Genuss von Auberginen in welcher Zubereitungsart auch immer kaum denkbar. Weitere ideale Begleiter sind Knoblauch und Tomaten. Mit Kalium und Eisen sowie den Vitaminen B1, B2, B3 und C hat die Aubergine aber nicht nur geschmacklich, sondern auch ernährungsphysiologisch vieles zu bieten.

Spezielles: Auberginen sollten vor fast jeder Verarbeitung entwässert und von ihren Bitterstoffen befreit werden. Dazu schneidet man sie in Scheiben, die anschließend kräftig gesalzen werden. Nach etwa 15 Minuten das Salz unter fließendem Wasser abspülen und die Scheiben mit Küchenpapier trocken tupfen.

Avocado

Obwohl es sich eigentlich um eine Obstsorte handelt, werden Avocados in der kulinarischen Praxis wie ein Gemüse verwendet. Was den Gehalt an Fett und Eiweiß betrifft, sind sie unter den Obstarten einsame Spitzenreiter. Der Name der birnenförmigen Frucht leitet sich vom aztekischen Ahuacatl ab, was »Butter des Waldes« bedeutet. Obst hin, Gemüse her: Die Früchte des bis zu 20 Meter großen, prächtigen Avocado-Baums bereichern jede Mahlzeit auch unter gesundheitlichen Aspekten: Zu erwähnen sind neben Faserstoffen, die für die Reinigung des Magen-Darm-Traktes förderlich sind, vor allem die einfach und mehrfach ungesättigten Fettsäuren, die den hohen Fettgehalt der Avocado gleich in einem besseren

Licht erscheinen lassen. Avocados sollten direkt nach dem Schälen mit Zitronensaft beträufelt werden, da sich das Fleisch sonst bräunlich verfärbt.

Spezielles: Den Reifegrad einer Avocado, die möglichst keine braunen Stellen haben sollte, prüft man mit dem Finger: Ist die Schale hart, braucht die Frucht noch einige Tage.

Blattsalat

Dem Blattsalat wurden in seiner überaus langen Geschichte die gegensätzlichsten Wirkungen zugeschrieben. Den Ägyptern galten seine Vorfahren als Aphrodisiakum. Das aus den Samenkapseln der Pflanze gepresste Öl verwendeten sie aber auch als Hautbalsam und Heilmittel gegen Kopfschmerzen. Kopfschmerzen mögen auch die Schüler des Pythagoras gequält haben. Sie aber benutzten den Salat angeblich zur Hemmung der beim Denken hinderlichen Fleischeslust. Die gleiche Wirkung soll die Pflanze laut Aphrodite besessen haben. Als Adonis starb, so berichteten die Paparazzi des griechischen Götterhimmels, warf sie sich auf ein Lager aus Salat, um ihr Verlangen zu betäuben. Heutzutage wirft man einen nüchterneren Blick auf das zarte Pflänzchen, aber auch das macht es populär: Frische Blattsalate – ob Kopf-, Batavia- oder Eichblattsalat – sind ausgesprochen reich an Spurenelementen und dem wertvollen Vitamin B12. Da sich dieses auf der Blattoberfläche findet, sollten sie äußerst schonend gewaschen werden.

Spezielles: Blattsalate zur Lagerung im Kühlschrank in ein feuchtes Tuch einschlagen. Bei starkem Blattlausbefall empfiehlt es sich, die Blätter einige Minuten in lauwarmes, leicht gesalzenes Wasser zu legen.

Blumenkohl

Blumenkohl ist ausgesprochen reich an Vitamin K, das bei der Blutgerinnung eine wichtige Rolle spielt. In der Küche ist er vielseitig einsetzbar: gedünstet und natur als

besonders magenfreundliche Schonkost, mit Käse überbacken oder in einer der unzähligen asiatischen, oft
scharfen Varianten.
Im konventionellen Landbau wird Blumenkohl häufig mit
sehr großen Mengen Stickstoff gedüngt – bis zu 350 kg
reiner Stickstoff pro Hektar. Die nimmt der Kohl natürlich
mit in den Kochtopf, wo er dann stark schäumen und
einen scharfen Geruch entwickeln kann. Blumenkohl eignet sich deshalb hervorragend, um einmal (sich selbst
oder skeptischen Freunden) die Qualität ökologisch ange-
bauten Gemüses zu demonstrieren.
Spezielles: Beim Blanchieren etwas Zitronensaft zugeben
– dann behält der Blumenkohl seine weiße Farbe.

Bohnen

Im ökologischen Landbau spielen Bohnen eine besonders
wichtige Rolle, da sie nicht nur ein breites Spektrum an
köstlichen Hülsenfrüchten liefern, sondern als organi-
scher Stickstoff-Sammler auch die Bodenqualität auf
natürliche und umweltgerechte Weise verbessern. Grüne
Bohnen sind reich an Vitamin C und E und können bis zu
20 Prozent hochwertiges pflanzliches Eiweiß enthalten.
Gänzlich ungeeignet ist die Gartenbohne für den Rohge-
nuss – erst das Kochen oder Einsäuern deaktiviert das
toxische Glykosid Phasein. Dicke Bohnen, die vor der weiteren Zubereitung aus den ungenießbaren Hülsen her-
ausgelöst werden, sind reich an wertvollem Eiweiß und
Folsäure.
Spezielles: Für Bohnengerichte jeglicher Art empfiehlt
sich die Zugabe von frischem oder getrocknetem Bohnenkraut, das den Geschmack der Speise intensiviert.

Brokkoli

Brokkoli braucht zwar ein ganzes Jahr zum Wachsen, ent-
schädigt dann aber Feinschmecker und Ernährungswis-
senschaftler gleichermaßen. Erstere mit seinem zarten
Geschmack, Letztere vor allem durch einen Vitamin-C-

Gehalt, der selbst den von Zitrusfrüchten weit übertrifft. Man kocht ihn am besten aufrecht im Topf stehend, sodass die Stängel im Wasser gegart, die zarten Röschen aber über der Wasserlinie nur schonend gedünstet werden.

Spezielles: Brokkoli nicht zusammen mit Äpfeln oder Tomaten lagern, da er wegen des in ihrer Schale enthaltenen Äthylen sonst rasch zu blühen beginnt.

Champignons

Kein Gewächs deckt ein solches Spektrum menschlichen Erlebens ab wie die Sprösslinge der tausendköpfigen Pilzfamilie – denn ihr Verzehr kann sowohl kulinarischer Höhepunkt als auch lebensgefährlicher Irrtum bedeuten. Letzteres bleibt dem erspart, der sich Pilze als landwirtschaftliches Zuchtprodukt in die Küche holt. Ermöglicht hat das, zumindest was den Champignon angeht, der Franzose Joseph de Tournefort. Seit anno 1707 räumte seine Entdeckung des Myzel genannten »Pilzsamens« mit der weit verbreiteten Ansicht auf, Pilze hätten etwas mit Hexen oder okkulten Orten zu tun. Dass in Japan bereits seit mehr als 2000 Jahren mit dem Shitake Pilze kultiviert wurden, war den europäischen Weltentdeckern bis dahin entgangen. Heute, wo Champignons jahreszeitenunabhängig in Kellern, Hallen oder ausgedienten Bergwerksstollen gezogen werden, bereichern diverse Zuchtpilze unsere Speisepläne und das Nährstoffangebot für den menschlichen Organismus. Dank ihres Gehalts an Eiweiß, Kohlenhydraten, Kalium, Calcium, Phosphor, Magnesium, Eisen, Vitamin B1, B2, E, C, Niacin und Folsäure haben alle genießbaren Pilze einen hohen ernährungsphysiologischen und diätetischen Wert.

Spezielles: Die farblichen Varianten des Champignons von weißlich bis bräunlich unterscheiden sich nicht hinsichtlich ihrer Inhaltsstoffe; die dunklen Exemplare besitzen lediglich einen kräftigeren Geschmack.

Chicorée

Noch im frühen 19. Jahrhundert verdankte die Zichorie ihren Anbau ausschließlich dem hohen Preis für den damals immer populärer werdenden Kaffee, weil sich die gemahlene und geröstete Wurzel zum Strecken der teuren Import-Bohne eignete. Als aber auch der reine Zichorienkaffee immer mehr Freunde fand, entdeckte der belgische Hobbygärtner Brezier zufällig, dass aus seinen warm und dunkel gelagerten Ersatz-Kaffee-Wurzeln helle, fleischige Blätterknospen sprossen, die sich kulinarisch auf viele Arten verwerten ließen. Das Anbauverfahren ist bis heute, von technischen Verfeinerungen abgesehen, gleich geblieben: Der Anbau der Wurzel erfolgt im Freiland; vor dem ersten Frost wird sie gerodet, kühl gelagert und einige Wochen vor dem gewünschten Erntetermin im Gewächshaus bei 18 – 22° C zum Treiben der Knospe gebracht, die wir dann als Chicorée und die Franzosen als Endives bezeichnen. Chicorée ist reich an Mineralstoffen und versorgt uns im Winter mit Provitamin A sowie den Vitaminen B1, B2 und C.

Spezielles: Wegen der feinen Bitterstoffe des Chicorées empfiehlt es sich immer, ihn mit einem fruchtigen oder süßen Dressing anzumachen und den Strunk kegelförmig herauszuschneiden.

Feldsalat

Von allen Salatsorten hat der Feldsalat nicht nur den höchsten Vitamin-C-Gehalt, sondern er schlägt seine Verwandtschaft auch bei den Provitamin-A-Werten. Er ist berühmt als Kalium-, Calcium- und Phosphor-Lieferant und muss sich in der Kategorie Eisen unter allen Gemüsen nur noch hinter der Petersilie einreihen. Jahrhundertelang fristete er sein Dasein als Wildkraut, dass sich gerne in Wintergetreidefeldern breit machte. Erst das 20. Jahrhundert machte ihn zur Kult(ur)pflanze, die sich inzwischen in ganz Europa und rund ums Mittelmeer höchster Beliebtheit erfreut.

Spezielles: Lässt der Feldsalat einmal die Ohren hängen, verhilft ein Bad in lauwarmem, leicht gesalzenem Wasser schnell wieder zu appetitlicher Knackigkeit.

Fenchel

Ob als Rohkost im Salat, als Suppe, Pfannengemüse, exquisite Beilage zu Fisch und Fleisch – dieses Gemüse lässt sich genauso dankbar verwenden, wie es die Bekochten sein werden.

Bis ins 18. Jahrhundert kultivierte man Fenchel hauptsächlich als zweijährige Gewürz- und Heilpflanze, deren Samen und Blätter geerntet wurden. Der uns heute bekannte einjährige Gemüsefenchel sollte allerdings nicht ins Kraut schießen, also zu viel buschiges Grün entwickeln, da die fleischig verdickten Blattstiele sonst stark schrumpfen. Nach wie vor findet der Gewürzfenchel Verwendung als Würzmittel und Heiltee gegen Husten und Magenbeschwerden.

Fenchel ist reich an den Vitaminen C, A, E und K sowie den wertvollen Mineralstoffen Kalium und Magnesium. Den typischen anisartigen Geschmack bedingt das ätherische Öl Athenol.

Spezielles: Beim Putzen des Fenchels stets das feine Blattgrün abzupfen, fein hacken und Suppen und Salate zum Abschluss des Kochens damit würzen.

Hokkaido-Kürbis

Das leuchtende Orange des Hokkaido-Kürbis signalisiert viel Gutes: Das im Gegensatz zu fast allen anderen Kürbisarten relativ fest kochende Fruchtfleisch ist kalorienarm, reich an Mineralien (Calcium und Eisen), Eiweiß und Vitaminen (der B-Gruppe, C sowie Provitamin A). Seiner Verwendung sind kaum kulinarische Grenzen gesetzt: Als Rohkost, Suppe, gekochte Beilage zu Fisch, Geflügel oder Fleisch und als Grundzutat für z. B. Gnocchi oder Klöße kommt sein feines Aroma in jederlei Form zum Tragen. Zum Kochen wird der Kürbis zerteilt, entkernt und am besten mit der Schale gabelweich gekocht, da man diese so anschließend leichter ablösen kann.

Spezielles: Ausgereifte Kürbisse sind mehrere Monate haltbar.

Kartoffeln

So sehr sich die Kartoffel in den letzten Jahrhunderten auch auf den deutschen Feldern gegen traditionelle Gemüse wie die Pastinake und die Petersilienwurzel durchgesetzt hat, so wenig scheinen die Menschen doch über sie zu wissen. Eine Kartoffel ist eine Kartoffel ist eine Kartoffel, heißt es wohl, wenn die wertvolle Knolle häufig ohne Ansehen der Sorte und ihrer Eigenschaften schwuppdiwupps zu Pommes frites, Püree oder Salzkartoffeln verarbeitet wird. Je nachdem, wie die willkürliche Wahl dabei ausgefallen ist, sieht dann auch das Ergebnis aus: matschige Bratkartoffeln oder Kartoffelbrei mit Bröckchen. Dabei ist die verbraucherfreundliche Auszeichnung der verschiedenen Sorten sogar gesetzlich vorgeschrieben. Fest oder vorwiegend fest kochende Sorten sind ein Muss, wenn der Kartoffelsalat gelingen soll, Pellkartoffeln zu Tzatziki oder Bratkartoffeln geplant sind. Die mehlig kochenden empfehlen sich zur Verwendung für Püree, Kartoffelsuppe oder Klößen.

Kohlrabi

Kohlrabi ist ein untypisches Kohlgewächs, da sich der für uns primär interessante Teil der Pflanze nicht aus den Blüten, sondern aus der oberirdischen Sprossachse entwickelt. Dabei sollte das Augenmerk jedoch nicht nur, wie meist üblich, dem knolligen Körper des Kohlrabi gelten, denn die Blätter haben einen der höchsten Karotin-Gehalte in der Pflanzenwelt. Wenn die großen Exemplare zart genug sind, lassen sie sich hervorragend als Wickel für vegetarische oder fleischige Füllungen verwenden. Die kleinen, zarten Herzblätter des Kohlrabi sollten immer verwertet werden – fein gehackt lassen sie sich sowohl in Salatsaucen einarbeiten als auch über jedes Gericht streuen.

Kohlrabi enthält ein breites Spektrum wertvoller Inhaltsstoffe: Eiweiß, Fett, Calcium, Phosphor, Magnesium, Eisen, Natrium, das Provitamin A und die Vitamine B1, B2, B6 und C.

Spezielles: Wenn Sie Kohlrabi einige Tage im Kühlschrank lagern wollen, sollten Sie die Blätter vorher entfernen, da über sie Wasser verdunstet und die Knolle holzig und trocken wird.

Lauch/Porree

Da die Stange – wie beim Spargel – möglichst weiß sein soll, wird Porree in eine etwa 20 cm tiefe Erdrinne gepflanzt, aus der nur noch ein Zipfel herausschaut. In den kommenden Wachstumswochen der Pflanze wird die Erde dann ringsum immer wieder angehäufelt. So bleibt die Stange vom (farbgebenden) Sonnenlicht verschont und umstehend sprießendes Unkraut kann sich die Radieschen, pardon, den Lauch fortan von unten „ansehen.

Die Ernährungswissenschaft schätzt den Lauch vor allem wegen seines hohen Mineralstoffgehalts (Kalium, Calcium, Phosphor, Natrium und Eisen), dem Provitamin A und den Vitaminen B1, B2, C und E.

Spezielles: Dem Porree kommt in den meisten Rezepten nur die Rolle des aromatisierenden Statisten zu – manche kennen ihn gar nur als Bestandteil des Suppengrüns. Dass er aber auch das Herzstück einer vollwertigen, delikaten Hauptmahlzeit sein kann, zeigt er z. B. kurz blanchiert, in Schinken gerollt und in einer Eier-Sahne-Sauce mit Käse überbacken.

Mais

Wer einmal erntefrischem Mais gegrillt oder gekocht hat, wird wahrscheinlich nie wieder im Regal nach einer Dose mit seinen fabrikverarbeiteten Brüdern greifen. Legendär ist ein von Mark Twain aus der Heimat der sonnigen Kolben überliefertes Rezept. Die Zutaten: ein reifes Maisfeld, Feuerholz, ein großer Topf und Wasser. Viel komplexer ist dagegen der Inhalt der leuchtend gelben Körner: Kohlenhydrate, Eiweiß, Fett, Calcium, Kalium, Phosphor, Eisen sowie die Vitamine A, B und C.

Spezielles: Mais lässt sich nach zweiminütigem Blanchieren hervorragend einfrieren.

Mangold

Zu Anfang des 20. Jahrhunderts war Mangold in unseren Breitengraden bekannter als sein Verwandter, der Spinat. Heute ist es umgekehrt und Mangold wird nur noch in geringen Mengen angebaut. Er ist sehr eiweißreich und bietet eine Vielzahl an Mineralien sowie große Mengen der Vitamine B1, B2 und C. Sein Genuss wirkt angeblich beruhigend. Mangold sollte möglichst frisch verzehrt werden, hält sich aber im Kühlschrank problemlos drei bis vier Tage.

Spezielles: Wer nur die Blätter verzehrt, verzichtet auf einen großen schmackhaften Teil des Gemüses voller Nährstoffe. Die Stiele können klein geschnitten wunderbar gedünstet werden. Allerdings benötigen sie eine längere Garzeit als die Blätter. Deshalb stets in zwei Phasen zubereiten. Mangold passt hervorragend zu Seefisch.

Möhren

Möhren sind bedeutsame Lieferanten von Provitamin A, das sich in Verbindung mit Fett im menschlichen Körper in Vitamin A umwandelt und vor allem Wachstum, Haut- und Sehfunktionen fördert. Roh verzehrte Möhren wirken ferner blutbildend und -reinigend sowie antibakteriell. Wichtige Inhaltsstoffe sind des Weiteren Kohlenhydrate, Eiweiß, B-Vitamine und Mineralien. Ein hoher Zuckergehalt sowie ätherische Öle sorgen für das mild-süße Aroma dieses Gemüses. Möhren sollten stets mit etwas Öl genossen werden, da dieses die Vitaminaufnahme unseres Körpers wesentlich verbessert.

Spezielles: Da bei der Möhre viele Wirkstoffe in und unter der Schale liegen, sollte sie nicht geschält, sondern nur geputzt und unter fließendem Wasser abgebürstet werden.

Pastinaken

Während die einen sie als neuere Kreuzung zwischen Petersilie und Möhre ansehen, finden sich andererseits bereits in der Jungsteinzeit Pastinaken-Spuren. Von Kulturflüchtlingen spricht die Agrarwissenschaft, weil sich heute noch wilde Pastinaken an Feldrainen finden, wohin sie seit dem 18. Jahrhundert von Kartoffeln und Möhren verdrängt wurden. In Skandinavien, England, Frankreich und den USA ist sie auch heute noch eine häufig angebaute Delikatesse. Sie hat einen hohen Eiweiß- und Fettgehalt und bietet uns wichtige Mineralstoffe und ätherische Öle. Gemüsesuppen gibt sie ein unvergleichlich feines Aroma.

Spezielles: Da Pastinaken wegen ihres vergleichsweise geringen Wassergehalts im Kühlschrank schnell austrocknen, lagert man sie am besten in einem feuchten Tuch. Wenn sie frisch sind und die Schale noch nicht zu hart, zum Putzen einfach unter fließendem Wasser abbürsten.

Petersilienwurzel

Die auch Hirschmöhre genannte Petersilienwurzel ist eng mit der Möhre und Pastinake verwandt und wird in der Naturheilkunde schon seit der Antike wegen ihrer blutreinigenden und harntreibenden Wirkung geschätzt. Die Römer sollen dann die kulinarische Karriere der würzigen Wurzel angestoßen haben, die ihre Freunde heute hauptsächlich im ökologischen Landbau und unter Kennern traditioneller Rezepte findet. Neben Apiol, einem ätherischen Öl, enthält Petersilienwurzel Eiweiß, Calcium und Eisen sowie die Vitamine A, B, C und E.

Spezielles: Da auch bei der Petersilienwurzel viele Wirkstoffe in und unter der Schale liegen – sollte sie, wenn ihre Schale noch nicht zu hart ist – nicht geschält, sondern nur unter fließendem Wasser abgebürstet werden.

Postelein

So zart das Postelein auch auf der Zunge zergeht, so hartnäckig trotzt das winterharte Gewächs selbst Temperaturen bis zu -20° C. Allerdings benötigt es zwischen hartem Frost und der Ernte einige Tage zum Regenerieren, bevor es den winterlichen Speiseplan nicht nur mit seinem leicht nussigen Geschmack, sondern auch mit Magnesium, Calcium, Eisen und Vitamin C bereichert. Postelein lässt sich aber nicht nur als Wintersalat, sondern auch als frischer Brotbelag oder (kurz) gedünstetes Gemüse zubereiten.

Spezielles: Vom Postelein nur den Wurzelansatz abschneiden und die knackigen, gehaltvollen Stängel unbedingt mit verzehren.

Rote Bete

Zu Unrecht ist die Rote Bete in der Vergangenheit in einigen Medien und Verbrauchertipps in ein schlechtes Licht gesetzt worden: Sie enthalte große Mengen gesundheitsschädlichen Nitrats. Das ist grundsätzlich – um in der landwirtschaftlichen Sprache zu bleiben – Kappes. Tatsächlich nimmt die Rote Bete Nitrat aus dem Boden auf. Allerdings muss es diesem auch zuvor in entsprechenden Mengen als Düngemittel zugeführt worden sein. Dies wird in der konventionellen Landwirtschaft gemacht, um die Rote Bete und somit die Erträge kräftig wachsen zu lassen. Im ökologischen Landbau stellt sich diese Problematik in der Regel nicht, weil auf leicht lösliche Stickstoffdünger verzichtet wird. Der Bio-Landwirt gibt sich mit kleineren, dafür aber qualitativ hochwertigeren Früchten zufrieden. Diese sind nicht nur besonders schmackhaft, sondern auch ausgesprochen gesund. Durch ihren hohen Eisengehalt unterstützt Rote Bete die Blutbildung und ist besonders bei Vegetariern als Lieferant wichtiger Mineralstoffe hoch angesehen.

Spezielles: Rote Bete sollte man nie mit der Schale kochen, da sie sonst einen muffigen Geschmack bekommt – aber immer möglichst dünn schälen, weil viele wertvolle Inhaltstoffe nahe der Schale lagern.

Rüben

(Teltower Rüben, Mai-Rüben, Navet-Rüben)
Den feinen Speiserüben gebührt nicht nur wegen ihrer
zarten Konstitution und ihres feinen Geschmacks, sondern auch wegen der ätherischen Öle, Provitamin A, den
Vitaminen B1, B2, B6 und C sowie wichtigen Mineralstoffen, Eiweiß und Kohlenhydraten ein kulinarischer Platz
jenseits des in Deutschland lange gehegten Klischees
als Viehfutter. Auf französischen Märkten gehören z. B.
Navet- Rübchen zum Standardangebot für die anspruchs-
volle Küche.
Spezielles: Beim Einkauf einmal mit geschlossenen Augen
die feine Apfelnote der Rüben erschnuppern.

Schwarzwurzeln

Wie viele andere geschichtsträchtige Gemüsesorten ver-
fügt auch die Schwarzwurzel über eine lange Reihe
bedeutsamer Alias-Namen. Ihr Gattungsname lautet
Scorzonera, was aus dem Italienischen stammt und irre-
führenderweise so viel wie »giftige, schwarze Schlange«
bedeutet. »Viperngras« nannte man sie in ihrer Heimat,
dem mittelalterlichen Spanien, wo ihre Kräfte eben
gegen Schlangenbisse eingesetzt wurden. Als »Winter-
spargel« kennt sie der deutsche Volksmund und
beschreibt damit auch schon Konsistenz und Geschmack
des außer im Öko-Landbau kaum noch kultivierten
Gewächses. Wegen ihres hohen Inulin-Gehaltes und ihrer
guten Verträglichkeit wurde die Schwarzwurzel lange Zeit
hauptsächlich als Nahrungsmittel für Diabetiker angebaut. Ihr Gesamtnährwert – verschiedene Glykoside,
Eiweiß, Fett, Mineralstoffe und Vitamine – wird nur von
Erbsen und Bohnen übertroffen.
Spezielles: Am besten kocht man Schwarzwurzeln mit
etwas Zitronensaft und schält sie erst danach, da sie
sonst äußerst hartnäckig schwarze Hände verursacht!

Spinat

So wie für Kinder Kühe zunehmend lila sind und Fische als Stäbchen durchs Meer schwimmen, so ist auch Spinat oft nur noch als das Gemüse mit dem »Blubb« bekannt. Die Grundidee, Spinat zu kochen und mit Gewürzen und Sahne zu pürieren, ist ja durchaus schmackhaft. Doch das junge, zarte Spinatblatt ist auch roh im Salat oder mit Knoblauch in Olivenöl blanchiert, mit Weißwein abgelöscht und leicht gesalzen ein Hochgenuss. Die Liste der wertvollen Stoffe, die man mit Spinat zu sich nimmt, ist ellenlang: Phosphor, Kalium, Calcium, Magnesium, Kupfer, Jod, hochwertiges Eiweiß, Kohlenhydrate, Fett, Provitamin A sowie die Vitamine B1, B2 und C. Spinat fördert die Blutbildung, die Funktion der Bauchspeicheldrüse und der Galle.

Spezielles: Bereits gekochter Spinat sollte möglichst nicht wieder aufgewärmt werden.

Spitzkohl

Der Spitzkohl ist kulinarisch ein besonders wertvoller Spross der Weißkohl-Familie, dessen zarte Konsistenz und feiner Geschmack besonders gut zu Fisch passen. Anders als Weißkohl sollte er jedoch nur kurz gegart werden, da Spitzkohl besonders lecker ist, wenn die Blätter noch Biss haben.

Tomaten

Als Christoph Columbus von seiner zweiten Amerikareise 1496 die ersten Tomaten mitbrachte, schlug ihnen zunächst Misstrauen entgegen. Denn mitsamt Stiel und Blättern oder in unreifem Zustand verzehrt, trägt die Tomate nicht gerade zum Wohlbefinden bei. Schuld daran hat das Kopfschmerzen verursachende Alkaloid Solanin, das sich in den genannten Stellen und eben in unreifen Früchten findet. Erst ab dem 19. Jahrhundert lernte Europa die kulinarische und gesundheitsfördernde Vielseitigkeit dieses Gemüses kennen und schätzen. Tomaten sind reich an Vitamin C, Mineralien, Spurenelementen und verschiedenen Fruchtsäuren. In rheinischen Bio-Gewächshäusern können sie zwischen Juli und Oktober geerntet werden.

Spezielles: Das wichtigste Werkzeug zum Zerkleinern von Tomaten ist entweder ein sehr scharfes oder ein Säge-messer, da stumpfe Klingen die Tomatenhaut nicht schneiden, sondern zerdrücken.

Topinambur

Die nach einem Indianerstamm in ihrer nordamerikani-schen Heimat benannte Topinambur wurde schon bald nach ihrer Verbreitung in der Alten Welt durch die Aus-breitung des Kartoffelanbaus im 19. Jahrhundert wieder von den meisten Feldern verdrängt. Während der folgen-den Jahrhunderte lebte ihr Anbau bis zum Aufkommen des ökologischen Landbaus nur während und nach großen Kriegen wieder auf, da sie sich dank ihres anspruchslosen Wesens hervorragend zur billigen Schnapserzeugung eignet. Topinambur enthält u. a. die (Pro-)Vitamine A, B1, B2, B6, C und D, den seltenen Mineralstoff Silicium und das in der Diätkost geschätzte Kohlenhydrat Inulin.

Spezielles: Da viele Inhaltsstoffe in und direkt unter der Schale liegen, sollte die Topinambur nicht geschält, son-dern nur unter fließendem Wasser abgebürstet werden.

Weißkohl

Während Vitamin C normalerweise durch Erhitzen verlo-ren geht, steigert sich dessen Wert in Kopfkohlarten beim Kochen. Das liegt daran, dass sie einen hohen Gehalt an Ascorbinen haben, die sich erst durch Temperaturen über 100° C in Vitamin C umwandeln. Weitere Inhaltsstoffe der Weißkohlfamilie sind Eiweiß, Zucker, schwefelhaltiges Öl, Calcium, Kalium, Magnesium, Jod, Eisen, Provitamin A und die Vitamine B1 und B2.

Noch bis vor wenigen Jahren brachte ein Weißkohl in der

Regel drei bis vier Kilo auf die Waage – zu viel für die moderne Küche und die zunehmend kleineren Familien und Single-Haushalte. Durch Züchtung und geringeren Pflanzabstand auf den Feldern wurde der Weißkohl deshalb den gegenwärtigen Bedürfnissen der Verbraucher angepasst und sollte heute nicht mehr als ein bis anderthalb Kilo wiegen.

Spezielles: Im Kühlschrank ist Weißkohl mehrere Wochen haltbar.

Wirsing

Galt der Wirsing bis vor kurzem noch als reines Wintergemüse, das an warmen Tagen sofort geschossen wäre, können heute dank neuer Züchtungen auch im Frühsommer besonders feine Exemplare geerntet werden. Mit zarten, aber stark strukturierten Blättern bereichert er sowohl die Rohkost- als auch die kurz dünstende oder schmorende Küche. Wirsing ist kalorienarm, enthält viel Vitamin C und führt, was seinen Eiweißgehalt anbelangt, die Liste der Kohlsorten an.

Blanchiert eignet sich Wirsing hervorragend als Wickel für Tofu-, Fleisch- und Fischgerichte.

Zucchini

So leicht die kalorienarme Zucchini auch ist, so reich ist sie doch an Kalium und Eisen. Das Kürbisgewächs, dessen historische Heimat in Mittel- und Südamerika liegt, hat sich in unseren Breitengraden bestens akklimatisiert und ist heute üppig wuchernd in vielen privaten Gemüsegärten zu finden. Doch der großen Freude manchen Hobby-Gärtners angesichts seiner gewaltigen Zucchinis folgt beim Essen die Ernüchterung: Wird die Frucht zu groß, schmeckt sie fade und langweilig. Deshalb sollte man sie am besten bei einer Länge von 15–23 cm ernten und verzehren.

Spezielles: Verwendet man Zucchini nicht sofort, empfiehlt es sich, sie in Zeitungspapier eingewickelt im Kühlschrank aufzubewahren.

Zwiebel

In »Die Brüder Karamasow« bedient sich Dostojewski gleich zu Anfang einer Zwiebel, um in einem Gleichnis den moralischen Grundgedanken seines Werkes zu formulieren. So klein die in den Roman eingeschobene Anekdote auch ist, so vital bleibt doch ihre Bedeutung über die gut tausend Seiten des Buches. Ähnlich verhält es sich, wenn wir die Zwiebel in ihrem alltäglichen Umfeld einsetzen: in einem Salat, einer Suppe oder Bratensauce. Dostojewski bediente sich wahrscheinlich einer gelben Zwiebel, die als Standardgewächs ganzjährig und in verschiedenen Größen erhältlich ist. Vom Salat über die Bratkartoffel bis zur Suppe hat sie das größte Verwendungsspektrum ihrer Familie. Die rote Zwiebel ist ebenfalls vielfältig verwendbar, bringt aber auch eine gewisse Schärfe ein. Die große Gemüsezwiebel kommt nur dann zum Einsatz, wenn die Zwiebel auch quantitativ im Mittelpunkt des Gerichts stehen soll – wie bei der Zwiebelsuppe, dem Zwiebelkuchen und in türkischen oder griechichen Salaten. Als unsichbarer Saucengeist, der sich während des Garprozesses völlig auflöst bzw. passiert wird, ist die Schalotte für feine Bratensaucen unverzichtbar. Lauch- und Frühlingszwiebeln schneidet man am besten frisch in einen knackigen Frühlingssalat.

Allen Zwiebeln gemein ist die große Bandbreite an wertvollen Inhaltsstoffen: Vitamin B, C und E, Karotin, viele Mineralstoffe und antiseptische Pflanzenöle.

Spezielles: Häufig werden Zwiebeln in der Küche so aufbewahrt, dass sie stets zur Hand sind. Länger halten sie sich bei kühler und dunkler Lagerung.

Vorspeisen

Antipasti
mit Kapernsauce

400 g Fenchel	Den Fenchel und die Möhren putzen,
400 g Möhren	waschen und in 1/2 cm dicke Scheiben
4 EL Olivenöl	schneiden. Von beiden Seiten jeweils 5 Minu-
2 EL Balsamessig	ten in Olivenöl anbraten. Balsamessig mit
1 EL Apfeldicksaft	der gleichen Menge Wasser und dem Apfel-
2 Eigelb	dicksaft verrühren und das Gemüse damit
4 EL Zitronensaft	ablöschen.
1/2 TL Zucker	Eigelb, Zitronensaft, Zucker und Weißweines-
2 EL Weißweinessig	sig mit Salz und Pfeffer verquirlen, dann das
Meersalz &	Maiskeimöl unterziehen und zum Schluss die
Mühlenpfeffer	Kapern einrühren.
100 ml Maiskeimöl	Die Fenchel- und Möhrenscheiben noch
3 EL Kapern	warm auf einem großen Teller anrichten, sal-
gemahlener Koriander	zen, pfeffern und mit Koriander bestreuen.
	Die Sauce über das Gemüse geben.

Auberginen gratiniert

600 g Auberginen	Die Auberginen waschen und Stielansätze
Meersalz &	entfernen. In etwa 1/2 cm dicke Scheiben
Mühlenpfeffer	schneiden. Mit Salz bestreuen und 15 Minu-
8 EL Olivenöl	ten ziehen lassen, um Wasser und Bitterstof-
2 Knoblauchzehen	fe herauszulösen. Das Salz unter fließendem
1 Zweig Oregano	Wasser abspülen und die Auberginenschei-
300 g Mozzarella	ben mit Küchenpapier trocken tupfen.
1/2 Bund Basilikum	Das Olivenöl in der Pfanne erhitzen und
	die Scheiben von beiden Seiten goldbraun
	braten. Salzen und pfeffern. Die geschälten
	Knoblauchzehen darüber pressen und
	verteilen.
	Eine feuerfeste Form mit Öl ausstreichen und
	die Auberginenscheiben hineingeben. Die
	Oreganoblätter abzupfen, fein hacken und
	darüber streuen. Den Mozzarella in Scheiben
	schneiden und auf die Auberginen legen.
	Im auf 220° C vorgeheizten Ofen etwa 10
	Minuten überbacken. Das gewaschene Basili-
	kum klein zupfen und darüber geben.

Auberginendip

Die Auberginen längs halbieren, mit Salz bestreuen und 15 Minuten ziehen lassen, um Wasser und Bitterstoffe herauszulösen. Das Salz unter fließendem Wasser abspülen und die Auberginen mit Küchenpapier trocken tupfen. Mit der Schnittfläche nach oben auf ein Blech legen und im auf 190° C vorgeheizten Backofen 20 Minuten weich backen. Währenddessen die Sesamsamen ohne Fett in einer Pfanne kurz anrösten. Die Auberginen häuten und das Fruchtfleisch mit den geschälten und durchgepressten Knoblauchzehen, Zitronensaft, den Sesamsamen und dem Olivenöl im Küchenmixer oder mit dem Pürierstab zu einer sämigen Masse verarbeiten. Mit frischem oder aufgebackenem Fladenbrot dippen.

500 g Auberginen
Meersalz
3 EL Sesamsamen
2 Knoblauchzehen
2 EL Zitronensaft
1 EL Olivenöl

Auberginenpüree

Die Auberginen längs halbieren, mit Salz bestreuen und 15 Minuten ziehen lassen, um Wasser und Bitterstoffe herauszulösen. Das Salz unter fließendem Wasser abspülen und die Auberginen mit Küchenpapier trocken tupfen. Mit der Schnittfläche nach oben auf ein Blech legen und im auf 190° C vorgeheizten Backofen 20 Minuten weich backen. Währenddessen die Tomaten enthäuten. Dazu die Haut kreuzweise einschneiden. Die Tomaten kurz in kochendes Wasser geben, unter kaltem Wasser abkühlen und häuten. Die Stielansätze entfernen und das Fruchtfleisch in kleine Würfel schneiden. Die Zwiebeln schälen und fein würfeln. Das Öl in einem Topf erhitzen und die Zwiebelwürfel goldbraun andünsten. Die Tomaten dazugeben und bei reduzierter Hitze einköcheln lassen.

700 g Auberginen
4 Tomaten
3 mittelgroße Zwiebeln
6 EL Olivenöl
3 EL trockener Weißwein
2 Knoblauchzehen
Meersalz &
Mühlenpfeffer
1 EL Zitronensaft
1/2 Bund Petersilie

⊖→

Das Fruchtfleisch der Auberginen mit einem Löffel auskratzen und mit Weißwein, den geschälten und durchgepressten Knoblauchzehen, Salz und Pfeffer in den Topf geben. Unter Rühren einkochen, bis die Masse zu einem Püree wird.
Abkühlen lassen, den Zitronensaft unterrühren und mit der gewaschenen und fein gehackten Petersilie bestreuen.

 Übrigens: Mit ofenwarmem Brot lässt sich das Auberginenpüree auch wunderbar als Amuse-gueule servieren.

Austernpilze »Rheingauer Art«

300 g Austernpilze
3 EL Sonnenblumenöl
125 ml trockener Riesling
Meersalz & Mühlenpfeffer
1/2 TL gemahlener Koriander
250 ml Sahne
1 Bund Petersilie

Die Austernpilze putzen, halbieren und in dünne Streifen schneiden. In dem Öl bei starker Hitze unter Rühren kurz anbraten. Dann den Wein (bei empfindlichen Mägen kann auch ein Müller-Thurgau verwendet werden) hinzugießen und einkochen lassen. Die Austernpilze mit Salz, Pfeffer und Koriander pikant abschmecken. Die Sahne angießen und aufkochen lassen. Die gewaschene Petersilie fein hacken und über die Pilze streuen. Zu Wildreis oder Vollkornnudeln reichen.

Avocado-Guacamole

2 Avocados
Meersalz & Mühlenpfeffer
1 Zitrone
2 EL mildes Olivenöl

Die Avocados halbieren, den Kern entfernen, die Hälften schälen und das Fleisch mit einer Gabel zerdrücken. Salzen, pfeffern, mit Zitronensaft beträufeln und mit dem Olivenöl zu einer sämigen Masse verrühren.

 Serviervorschlag: Zu der Guacamole Tortilla-Chips oder Brot reichen. Sie eignet sich auch hervorragend als Beilage zu Fisch.

Blattspinat
mit Pinienkernen

Den Blattspinat putzen und waschen. Die Knoblauchzehe schälen, leicht zerdrücken und fein hacken. Butter in einer Pfanne zerlassen und die Pinienkerne leicht rösten. Den Knoblauch dazugeben und andünsten. Spinat hinzufügen und so lange dünsten, bis er zusammenfällt. Dann den Mascarpone untermischen. Mit Zitronensaft, Salz und Pfeffer abschmecken. Auf geröstete Brotscheiben streichen.

500 g Blattspinat
1 Knoblauchzehe
1 EL Butter
1 EL Pinienkerne
2 EL Mascarpone
2 EL Zitronensaft
Meersalz &
Mühlenpfeffer

Blumenkohl frittiert mit
Rucola-Joghurt

Den Blumenkohl putzen, waschen, in Röschen teilen und in kochendem Salzwasser etwa 2 Minuten blanchieren. Abtropfen lassen, mit dem Saft der Zitrone beträufeln und 10 Minuten ziehen lassen. Mehl, geriebenen Käse, Curry, 1 Eigelb, flüssige Butter und Bier zu einem glatten Teig verrühren. Dann 2 steif geschlagene Eiweiß unterziehen.
Vom Rucola die Stielenden abschneiden. Dann waschen, trocken schleudern und fein hacken. Mit dem Joghurt, Salz, Pfeffer und Olivenöl verrühren.
Das Frittierfett auf 180° C erhitzen. (Um die Temperatur zu testen, einen Brotwürfel ins Fett geben, der nach 1 Minute goldbraun und knusprig sein sollte.) Die Blumenkohlröschen durch den Teig ziehen, abtropfen lassen und in kleinen Portionen im Fett goldbraun ausbacken. Mit einem Schaumlöffel herausheben und auf Küchenpapier abfetten. Die fertigen Röschen im Backofen bei 75° C warm halten.
Mit dem Rucola-Joghurt servieren.

1 Blumenkohl
1 Zitrone
100 g Mehl
30 g geriebener
Emmentaler
1/2 TL Currypulver
2 Eier
1 EL Butter
125 ml Bier

1 Bund Rucola
150 ml Joghurt
Meersalz &
Mühlenpfeffer
1 EL Olivenöl

1 l Palm-Fett
zum Frittieren

Bohnentopf deftig

500 g Stangenbohnen
2 Fleischtomaten oder
1 Dose geschälte
Tomaten
10 EL Olivenöl
1 TL getr. Bohnenkraut
Meersalz &
Mühlenpfeffer

Die Stangenbohnen waschen, die Stielansätze entfernen und die Bohnen schnippeln. Die Tomaten, falls frisch, waschen und in grobe Würfel schneiden. Das Olivenöl erhitzen und das Gemüse dazugeben. Mit Bohnenkraut, viel Pfeffer und etwas Salz würzen und so lange köcheln lassen, bis die Bohnen gar, aber noch bissfest sind. Dazu passt Reis sehr gut.

Dicke Bohnen – molto veloce

200 g Zwiebeln
2 EL Olivenöl
2 Tomaten
400 g frische Bohnen-
kerne
250 ml Gemüsebrühe
2 EL Crème fraîche
Meersalz &
Mühlenpfeffer
1 Knoblauchzehe
1/2 Bund Basilikum
1 Zweig Bohnenkraut

Die Zwiebeln schälen und fein würfeln. Das Öl in einer Pfanne erhitzen und die Zwiebelwürfel darin glasig dünsten. Die Tomaten waschen, halbieren, entkernen und klein schneiden. Mit den Bohnen und der Gemüsebrühe zu den Zwiebeln geben und bei geschlossenem Deckel 30 Minuten garen lassen. Falls nötig, Flüssigkeit ergänzen. Dann die Crème fraîche unterrühren. Mit Salz, Pfeffer und geschältem und durchgegepresstem Knoblauch abschmecken. Das Basilikum waschen und trocken tupfen. Die Blätter fein hacken und mit den abgezupften Bohnenkrautblättchen über das Gemüse streuen.

Übrigens: Dieser Gaumenschmaus, der im Handumdrehen zubereitet ist, kann auch noch zwei Tage später als Brotaufstrich verspeist werden.

Dicke-Bohnen-Püree

Die dicken Bohnen aus den Schoten lösen und mit dem Bohnenkraut in der Gemüsebrühe etwa 7 Minuten kochen lassen. Frisch geriebenen Hartkäse und Olivenöl dazugeben und mit einem Stampfer zu Püree zerdrücken. Mit Salz und Pfeffer abschmecken und abkühlen lassen. Die Petersilie waschen, trocken tupfen, fein hacken und darüber streuen.

1000 g dicke Bohnen
1 TL getr. Bohnenkraut
300 ml Gemüsebrühe
50 g Parmesan oder Pecorino
2 EL Olivenöl
Meersalz & Mühlenpfeffer
1/2 Bund Petersilie

Übrigens: Dieses Püree kann vielseitig eingesetzt werden - entweder als Beilage zu hellem Fleisch oder als deftiger Aufstrich auf getoastetem Roggenbrot.

Fenchelknollen in süß-saurer Vinaigrette

Den Fenchel putzen und waschen. Das Fenchelgrün beiseite legen. Fenchel in Streifen schneiden und in Salzwasser mit dem Saft einer 1/2 Zitrone 15 Minuten kochen. Die Schalotten schälen und fein würfeln. Mit Olivenöl, dem Saft der anderen Zitronenhälfte, der geschälten und durchgegepressten Knoblauchzehe, Honig sowie Salz und Pfeffer zu einer Vinaigrette verrühren. Über den gut abgetropften, noch warmen Fenchel gießen und vorsichtig vermischen. Das Gemüse 30 Minuten zugedeckt ziehen lassen. Mit frisch geriebenem Parmesan bestreuen umd mit fein geschnittenem Fenchelgrün garniert servieren.

4 Fenchelknollen
1 Zitrone
3 Schalotten
150 ml Olivenöl
1 Knoblauchzehe
1 EL milder Honig
Meersalz & Mühlenpfeffer
50 g Parmesan

Kresse-Eierkuchen mit Grüner-Pfeffer-Sauce

1 Kästchen Kresse
4 Eier
150 ml saure Sahne
Salz

Für die Sauce:
150 ml saure Sahne
2 EL eingelegter grüner Pfeffer
1/2 Kopf Blattsalat

Die Kresse oberhalb der Wurzeln abschneiden, waschen, trocken schütteln und mit den Eiern, der sauren Sahne und Salz verrühren. Die Masse in eine eingefettete längliche Sturzform füllen, diese in ein Wasserbad stellen und im auf 190° C vorgeheizten Backofen etwa 25 Minuten backen, bis die Eiermasse gestockt ist. Den Eierkuchen stürzen und leicht abkühlen lassen. Währenddessen für die Sauce die saure Sahne und den abgetropften grünen Pfeffer verrühren. Die Salatblätter abzupfen, waschen, trocken schleudern und auf Tellern anrichten. Den Eierkuchen in Scheiben schneiden, diese auf den Salat legen und mit der Pfeffersauce begießen.

 Übrigens: In Streifen geschnitten, sind diese Eierkuchen eine abwechslungsreiche Alternative zu dem Fleisch im Putenbrustsalat.

Lauch- & Zucchini-Antipasti

500 g Lauch
30 g Parmesan
Meersalz
4 EL Olivenöl
500 g Zucchini
1 Knoblauchzehe
1 EL Sojasauce
4 EL Olivenöl

Den Lauch putzen, gründlich waschen und in etwa 3 cm lange Stücke schneiden. Den geriebenen Parmesan mit Salz und Olivenöl gut vermengen und die Lauchstücke darin wenden. Die Zucchini waschen und die Stielansätze entfernen. In 1 cm dicke Scheiben schneiden. Die Knoblauchzehe schälen und pressen und mit Sojasauce, Salz und Olivenöl verrühren. Die Zucchinischeiben mit der Marinade bestreichen.
Die Gemüse großzügig auf einem Blech verteilen und im auf 180° C vorgeheizten Ofen 15 bis 20 Minuten backen.

Lauchgemüse süß-sauer

Die gewaschenen hellen Lauchteile in 4 cm lange Streifen schneiden. Das Öl in einer Pfanne erhitzen. Den geschälten und durchgepressten Knoblauch und den Honig einrühren, den Lauch hinzufügen und uuntecr Rühren karamelisieren lassen. Zitronensaft und etwas geriebene Zitronenschale mit einer Prise Salz zum Lauch geben und zugedeckt garen. Das Gemüse herausnehmen, den Kochsud etwas einkochen und mit Pfeffer und Salz abschmecken. Dann den Lauch wider in den Sud geben, eventuell nochmals nachwürzen, und mit gehackter Minze bestreuen.

750 g Lauch
3 EL Distelöl
3 Knoblauchzehen
2 TL milder Honig
1 Zitrone
Meersalz &
Mühlenpfeffer
2 TL Minzeblättchen

Mairüben-Cocktail

Die Mairüben waschen und ungeschält in dünne Scheiben hobeln. Die Knoblauchzehe schälen, pressen und mit dem Saft einer Pampelmuse und dem Honig gut verrühren. Mit Salz und Pfeffer würzen und das Olivenöl unterziehen. Die Marinade über die Rüben geben und abgedeckt 1 Stunde ziehen lassen. Dann die zweite Pampelmuse filetieren und untermischen. Salatblätter waschen, trocken schleudern und auf Tellern anrichten. Den Mairüben-Cocktail darauf verteilen und mit klein gezupfter Zitronenmelisse garnieren.

1 Bund Mairüben
(oder Navetten)
1 Knoblauchzehe
2 Pampelmusen
1 TL milder Honig
Meersalz &
Mühlenpfeffer
3 EL Olivenöl
1–2 Köpfe Blattsalat
4 Blättchen Zitronenmelisse

Mangold-Piroggen

Für den Teig:
275 g Mehl
50 g Butter
Salz

Das Mehl mit Butterflocken und ein wenig Salz vermischen. Nach und nach so viel kaltes Wasser hinzugeben, bis durch Kneten ein glatter Teig entsteht. Zugedeckt im Kühlschrank 30 Minuten ruhen lassen.

Für die Füllung:
700 g Mangold
1 Zwiebel
75 g magerer Speck
oder Räuchertofu
2 EL Olivenöl
50 g Gruyère
50 ml Sahne
Meersalz &
Mühlenpfeffer
1 Eigelb

Den Mangold putzen und waschen. Die Stiele herauslösen und klein schneiden, die Blätter grob hacken. Die Zwiebel schälen und fein würfeln. Den Speck bzw. Räuchertofu ebenfalls in Würfel schneiden. Das Öl in einer Pfanne erhitzen und zuerst die Mangoldstiele, Zwiebeln und Speck- oder Tofuwürfel einige Minuten anbraten. Dann die Mangoldblätter dazugeben, bis sie zusammenfallen. Den geriebenen Käse und die Sahne unterrühren und mit Salz und Pfeffer würzen.

Den Teig in vier Stücke teilen, jeweils zu einer runden Platte von ca. 25 cm Durchmesser ausrollen und die Mangold-Mischung portionsweise in die Mitte geben. Die Teigkreise von zwei Seiten hochklappen, zusammendrücken, mit Eigelb bestreichen und im auf 200° C vorgeheizten Ofen 15–20 Minuten backen, bis die Oberfläche goldbraun ist.

Pastinaken-Plätzchen

500 g Pastinaken
400 g mehlig
kochende Kartoffeln
6 Schalotten
150 ml Milch
Meersalz &
Mühlenpfeffer
1 TL frische oder
getrocknete Petersilie

Die Pastinaken schälen und in kochendem Wasser 5 bis 10 Minuten garen. Die Kartoffeln waschen, ebenfalls in Wasser gar kochen und noch warm pellen. Pastinaken und Kartoffeln in Stücke schneiden, zerstampfen und beiseite stellen.

Die Schalotten schälen, vierteln und in köchelnder Milch etwa 5 Minuten garen. Dann mit der Milch zu den Kartoffeln und Pastinaken geben und das Ganze zu einer glatten Masse vermischen. Mit Salz, Pfeffer, Petersilie und frisch geriebener Muskatnuss würzen. Aus der Masse mit einem Esslöffel Plätzchen formen, in den Sesamsamen wälzen und in Butter oder Öl goldbraun backen.

Muskatnuss
2 EL Sesamsamen
4 EL Butter oder Olivenöl

Kochtipp: Am besten mit einer leichten Sauce aus Naturjoghurt, Kräutersalz und durchgepresstem Knoblauch servieren.

Rucola-Tomaten-Bruschetta

Vom Rucola die Stielenden abschneiden. Dann waschen, trocken schleudern und die Blätter grob hacken. Die Tomaten waschen, die Stielansätze sowie Kerne entfernen und das Fruchtfleisch würfeln. Mit dem Rucola vermischen, salzen, pfeffern und das Olivenöl unterziehen.
Die Brotscheiben im Backofen oder Toaster kross rösten. Die Knoblauchzehen schälen, halbieren, leicht zerdrücken und das Brot kräftig damit einreiben. Die Rucola-Tomaten-Mischung darauf verteilen.

1 Bund Rucola
200 g Tomaten
Meersalz & Mühlenpfeffer
4 EL Olivenöl
4 Scheiben Dinkel- oder Weizenbrot
2 Knoblauchzehen

Rucola-Pesto

Vom Rucola die Stielenden abschneiden. Dann waschen, trocken schleudern und die Blätter sehr fein hacken. Mit geriebenem Hartkäse, etwas Salz und Pfeffer sowie einigen Spritzern Zitronensaft in einen Mörser oder Küchenmixer geben. Großzügig Olivenöl angießen und das Ganze zu einer möglichst glatten Masse verarbeiten. Auf geröstetes Brot streichen.

1 Bund Rucola
20 g Parmesan oder anderer Hartkäse
Meersalz & Mühlenpfeffer
1 Zitrone
ca. 100 ml Olivenöl

Getränkevorschlag: Hierzu schmeckt hervorragend ein Prosecco.

Spinattörtchen
mit Pecorino

Für den Teig:
500 g Weizenmehl
(Typ 405)
200 ml Milch
25 g frische Hefe
4 EL Olivenöl
1/2 TL Meersalz

Für die Füllung:
500 g Spinat
1 Knoblauchzehe
1 EL Olivenöl
400 g junger Pecorino
oder Mozzarella
100 g Parmesan

Das Mehl in eine Schüssel geben. In die Mitte eine Mulde drücken. Die Milch erhitzen, bis sie lauwarm ist. Einen Teil in die Mulde geben und darin die Hefe auflösen. Die übrige Milch, das Öl und Salz hinzufügen und das Ganze zu einem weichen und elastischen Teig verarbeiten. In einer Schüssel zugedeckt an einem warmen Ort gehen lassen, bis sich der Teig in etwa verdoppelt hat. Dann den Teig viertéln und nochmals 1 Stunde gehen lassen.

In der Zwischenzeit den Spinat putzen und waschen. Den Knoblauch schälen, mit einem Messer leicht zerdrücken, fein hacken und in Olivenöl andünsten. Den Spinat dazugeben und so lange dünsten, bis er zusammenfällt. Den Teig ausrollen und weitere 30 Minuten ruhen lassen.

Den Pecorino oder Mozzarella in kleine Würfel schneiden und unter den Spinat mischen. Zum Beispiel mit einer Untertasse aus dem Teig runde Fladen (Durchmesser 15 bis 20 cm) ausstechen, diese in kleine Formen legen, dabei die Teigränder ein wenig hochziehen. Darauf die Spinat-Käse-Masse geben. Zum Abschluss den Parmesan darüber reiben. Die Törtchen auf einen Rost setzen und im auf 220° C vorgeheizten Backofen 25 Minuten backen, bis die Oberfläche goldbraun ist.

 Getränkevorschlag: Auf toskanische Art zu einem fruchtigen Pinot grigio genießen.

Ziegentaler im Wirsingbett

Die äußeren Blätter vom Wirsing entfernen. Den Kopf waschen und in Salzwasser bissfest garen. Abtropfen lassen und 4 fingerdicke Scheiben aus dem Kopf herausschneiden. Den Knoblauch schälen, pressen und mit dem Olivenöl, Kräutersalz und Pfeffer verrühren. Die Wirsingscheiben beidseitig damit bestreichen und nebeneinander in eine gefettete Auflaufform geben. Den Ziegenweichkäse in 4 Scheiben schneiden und auf den Wirsing legen. Im Ofen bei 170° C etwa 20 Minuten backen, bis der Käse leich gebräunt ist. Mit Paprikapulver bestäuben.

1 mittelgroßer Wirsing
Meersalz
1 Knoblauchzehe
3 EL Olivenöl
1 TL Kräutersalz
Mühlenpfeffer
200 g Ziegenweichkäse
Paprikapulver

Zucchini mit Radieschensauce

Die Zucchini waschen und Stielansätze entfernen. In 1 cm dicke Scheiben schneiden. Aus dem Olivenöl, dem geschälten und durchgepressten Knoblauch sowie einer Prise Salz eine Marinade bereiten. Die Zucchinischeiben durch die Marinade ziehen. Auf einem Backblech im auf 170° C vorgeheizten Ofen 12 bis 15 Minuten backen. Währenddessen die Radieschen putzen, waschen und vierteln. Mit dem Joghurt und der Minze im Küchenmixer oder mit einem Pürierstab zu einer sämigen Sauce verarbeiten. Die gebackenen Zucchinischeiben auf einem großen Teller anrichten und mit der Sauce servieren.

500 g Zucchini
4 EL Olivenöl
1 Knoblauchzehe
Salz
1–2 Bund Radieschen
150 ml Joghurt
1–2 TL getr. Minze

Suppen

Austernpilz-Cremesuppe

1 Zwiebel
1 EL Butter
150 g Austernpilze
2 EL Mehl
50 ml trockener Weißwein
750 ml Gemüsebrühe
3 EL saure Sahne
Meersalz & Mühlenpfeffer
1 EL getrockneter Kerbel

Die Zwiebel schälen, fein hacken und in der zerlassenen Butter andünsten. Die Austernpilze putzen, klein schneiden und etwa 5 Minuten mitdünsten. Mehl darüber stäuben und gut verrühren. Mit dem Wein ablöschen und etwas einkochen lassen. Die Gemüsebrühe angießen und 15 Minuten köcheln lassen. Kurz vor dem Servieren die saure Sahne unterheben, mit Salz und Pfeffer abschmecken und mit dem Kerbel bestreuen.

Serviervorschlag: Zu dieser wohlschmeckenden Suppe frisches Baguette und ein Glas Muscadet servieren.

Brokkoli-Lauch-Suppe

400 g Lauch
400 g Brokkoli
3 EL Olivenöl
1/2 Glas trockener Weißwein
1 l Gemüsebrühe
100 ml Sahne
Meersalz & Mühlenpfeffer
Muskatnuss

Den Lauch putzen, waschen und in dünne Ringe schneiden. Den Brokkoli waschen und die Röschen abschneiden. Den Strunk schälen und würfeln. Zuerst den Lauch in Olivenöl andünsten, dann die Brokkoliwürfel und -röschen dazugeben. Kurz dünsten, mit Weißwein ablöschen und die Gemüsebrühe angießen. 10 Minuten köcheln lassen. Die Suppe pürieren und die Sahne einrühren. Mit Salz, Pfeffer und frisch geriebener Muskatnuss abschmecken.

Grünkohl-Curry-Suppe

Die Grünkohlblätter entrappen, waschen und grob hacken. Die Zwiebel und schälen und fein hacken. Den Apfel waschen, halbieren und das Kerngehäuse entfernen. In Scheiben schneiden. Mit den Zwiebelwürfeln in Olivenöl andünsten. Dann den feuchten Grünkohl dazugeben. Mit Currypulver und einigen Spritzern Zitronensaft würzen und bei mittlerer Hitze dünsten, bis alles weich ist. Die Gemüsebrühe angießen, Hitze erhöhen und etwa 10 Minuten köcheln lassen. Dann die Suppe pürieren, die saure Sahne einrühren und mit Salz und Pfeffer abschmecken.

700 g Grünkohl
1 Gemüsezwiebel
1 großer säuerl. Apfel
3 EL Olivenöl
1 1/2 TL Currypulver
1 Zitrone
500 ml Gemüsebrühe
100 ml saure Sahne
Meersalz &
Mühlenpfeffer

Getränkevorschlag: Zu dieser Grünkohl-Suppe passt wunderbar ein Bier.

Gurken-Cremesuppe

Die Gemüsebrühe erhitzen. Die Gurke schälen, halbieren, mit einem Löffel entkernen und das Fruchtfleisch würfeln. Butter zerlassen und die Gurkenwürfel darin andünsten. Das Mehl darüber stäuben und unterrühren. Die heiße Gemüsebrühe angießen, etwa 5 Minuten köcheln lassen und dann die Hitze reduzieren. Das Eigelb mit der Sahne verrühren, in die nicht mehr kochende Suppe einrühren und ein paar Minuten stocken lassen. Mit Cayennepfeffer und Salz abschmecken. Vor dem Servieren mit Dill bestreuen.

750 ml Gemüsebrühe
1 Schlangengurke
2 EL Butter
2 EL Mehl
2 Eigelb
100 ml Sahne
Cayennepfeffer
Meersalz
1 EL Dill

Kohlrabisuppe
mit Estragonsahne

2 mittelgroße Kohlrabi
500 ml Gemüsebrühe
300 ml Milch
4 Zweige Estragon
Kräutersalz
Mühlenpfeffer
Zitronensaft
4 EL saure Sahne

Den Kohlrabi schälen und grob würfeln. Die zarten Blättchen beiseite legen. Die Kohlrabiwürfel in der Gemüsebrühe 10 Minuten bissfest garen. Dann die Milch dazugeben, das Ganze pürieren und kurz erhitzen. Den Estragon waschen, die Blättchen abzupfen, mit den Kohlrabiblättern in feine Streifen schneiden und in die Suppe geben. Mit Salz, Pfeffer und Zitronensaft abschmecken. In Tellern servieren und mit einem Klecks saurer Sahne garnieren.

Kresse-Blumenkohl-Suppe

1 Zwiebel
1 EL Olivenöl
750 ml Gemüsebrühe
1 Blumenkohl (ca. 700 g)
1 Kästchen Kresse
1 Eigelb
50 ml Sahne
Mühlenpfeffer
Muskatnuss

Die Zwiebel schälen, fein hacken und in Olivenöl andünsten. Gemüsebrühe angießen und aufkochen lassen. Den Blumenkohl putzen, in kleine Röschen zerteilen und waschen. Den Strunk schälen, würfeln und mit den Röschen in die Brühe geben. (Durch den Strunk bekommt die Suppe noch mehr Gehalt.) 5 Minuten kochen. Die Kresse oberhalb der Wurzeln abschneiden. Mit dem Eigelb einrühren. Noch einmal kurz aufkochen und die Suppe pürieren. Mit Sahne verfeinern und mit Pfeffer und frisch geriebener Muskatnuss abschmecken.

Kürbissuppe mit Birne

Den Butternusskürbis längs halbieren und etwa 20 Minuten in Wasser kochen. Abkühlen lassen, schälen und das Fruchtfleisch würfeln. Die Zwiebeln schälen, fein hacken und in Butter und Öl glasig dünsten. Die Birnen halbieren, schälen, entkernen und würfeln. Mit den Kürbiswürfeln dazugeben und andünsten. Die Gemüsebrühe angießen und 15 Minuten köcheln lassen. Pürieren, mit Salz und Pfeffer abschmecken und die Crème fraîche unterrühren.

1 Butternusskürbis
2 Zwiebeln
1 EL Butter
2 EL Olivenöl
2 Birnen
1 l Gemüsebrühe
Meersalz &
Mühlenpfeffer
100 ml Crème fraîche
30 g Sonnenblumenkerne

Kochtipp: Die Sonnenblumenkerne in einer Pfanne ohne Fett rösten und über die in Teller gefüllte Suppe streuen.

Lauchsuppe mit Gorgonzola

Den Lauch putzen, waschen und in feine Ringe schneiden. Die Kartoffeln schälen, waschen und würfeln. Das Olivenöl in einem Topf erhitzen. Lauch und Kartoffeln darin bei mittlerer Hitze kurz andünsten. Die Gemüsebrühe angießen und zum Kochen bringen. Die Suppe bei geringer Hitze etwa 15 Minuten weiterköcheln lassen und dann pürieren. Den Gorgonzola entrinden, in Würfel schneiden und in die Suppe geben. Unter Rühren den Käse auflösen und die Suppe mit Salz, Pfeffer und Paprikapulver abschmecken.

750 g Lauch
250 g mehlig kochende Kartoffeln
1 EL Olivenöl
1 l Gemüsebrühe
200 g Gorgonzola
Mehrsalz &
Mühlenpfeffer
1/2 TL Paprikapulver

Lauchsuppe mit Lachs

250 g mehlig kochende Kartoffeln
700 g Lauch
2 EL Butter
100 ml trockener Weißwein
700 ml Gemüsebrühe
Meersalz & weißer Mühlenpfeffer
1/2 EL getrockneter Dill
1 Zitrone
100 g Räucherlachs

Die Kartoffeln schälen, waschen und in kleine Würfel schneiden. Den Lauch putzen, waschen und in dünne Ringe schneiden. Butter erhitzen und beides darin andünsten. Mit Weißwein ablöschen und die Gemüsebrühe angießen. Etwa 20 Minuten köcheln lassen. Dann pürieren und mit Salz und Pfeffer abschmecken. Den Dill und etwas Zitronensaft einrühren.
Die Lachsscheiben in kleine Stücke schneiden, 5 Minuten in der Suppe ziehen lassen und diese dann auf Teller verteilen.

Paprikasuppe mit Knoblauch-Croûtons

500 g bunte Paprika
2 Zwiebeln
2 EL Sonnenblumenöl
1 TL flüssiger Honig
1/2 Zitrone
350 ml Tomatensaft
350 ml Gemüsebrühe
Meersalz & Mühlenpfeffer
Paprikapulver
150 ml Crème fraîche
2 Knoblauchzehen
2 Scheib. Vollkorntoast
1/2 Bund Petersilie

Die Paprikaschoten waschen, halbieren, Stielansätze und weiße Samenstränge entfernen. In feine Streifen schneiden. Die Zwiebeln schälen, fein würfeln und in 1 EL Öl andünsten. Den Honig darüber träufeln und unter Rühren kurz erhitzen. Saft der halben Zitrone und die Paprikastreifen hinzufügen und glasig dünsten. Tomatensaft und Gemüsebrühe dazugeben und 10 Minuten bei geringer Hitze ziehen lassen. Die Suppe pürieren, mit Salz, Pfeffer und Paprikapulver kräftig würzen und vom Herd nehmen. Crème fraîche und 1 geschälte und fein gehackte Knoblauchzehe einrühren.
Die Toastbrotscheiben würfeln und mit 1 geschälten und fein gewürfelten Knoblauchzehe in 1 EL Öl anbraten. Die Petersilie waschen, trocken tupfen und die Blätter fein hacken.
Die Suppe auf Tellern verteilen, mit der Petersilie und den Knoblauch-Croûtons bestreuen und sofort servieren.

Pastinakensuppe

Die Pastinaken und Kartoffeln schälen und auf der Rohkostreibe raspeln. Die Äpfel waschen, halbieren und das Kerngehäuse entfernen. In feine Stifte schneiden. Die Zwiebel schälen, fein hacken und in Butter leicht andünsten. Kreuzkümmel und Kurkuma darüber streuen und kurz anrösten. Pastinaken, Kartoffeln, Äpfel und 1 Prise Salz dazugeben. Zugedeckt weitere 10 Minuten schmoren. Die Gemüsebrühe zugeben, kurz aufkochen und 15 Minuten sanft köcheln lassen. Die Suppe pürieren, nochmals leicht erhitzen, mit Salz und Pfeffer abschmecken und die Sahne einrühren.

750 g Pastinaken
300 g Kartoffeln
2 säuerliche Äpfel
1 Zwiebel
15 g Butter
1 TL Kreuzkümmel
1/4 TL Kurkuma
1 l Gemüsebrühe
Meersalz &
Mühlenpfeffer
50 ml Sahne

Kochtipp: Frisch geriebener Parmesan kann der Suppe nach Geschmack noch den letzten Pfiff geben.

Pikante Weißkohlsuppe

Ingwer schälen, reiben und mit Koriandersamen in Öl andünsten. Den geraspelten Kohl gut untermischen und mitdünsten, bis er ein wenig zusammengefallen ist. Die Gemüsebrühe angießen, kurz aufkochen lassen und bei mittlerer Hitze 40 Minuten weitergaren. Den Kohl pürieren und mit Salz und Pfeffer abschmecken. In vorgewärmte Suppenteller oder -schüsseln füllen, jeweils einen Esslöffel saure Sahne darüber geben und mit dem Schnittlauch garnieren.

20 g Ingwer
1 TL Koriandersamen
2 EL Olivenöl
1 Weißkohl
1200 ml Gemüsebrühe
Meersalz &
Mühlenpfeffer
200 ml saure Sahne
2–3 EL Schnittlauch-
röllchen

Petersilienwurzelsuppe

500 g Petersilienwurzel
1 Stange Lauch
2 EL Olivenöl
1 l Gemüsebrühe
Meersalz &
Mühlenpfeffer
50 g Parmesan

Petersilienwurzel schälen, würfeln und mit einer in Ringe geschnittenen Stange Lauch in heißem Olivenöl andünsten. Gemüsebrühe angießen und 15 Minuten köcheln lassen. Pürieren, mit Salz und Peffer abschmecken, portionieren und mit frisch geriebenem Parmesan bestreuen.

Rote-Bete-Suppe mit Sahnehäubchen

450 g Rote Bete
1 säuerlicher Apfel
2 weiche Birnen
1400 ml Gemüsebrühe
1 TL Ingwerpulver
1 TL Mehl
4 EL Rotwein
Meersalz
100 ml Crème fraîche
100 ml saure Sahne
1/2 Bund Petersilie

Die Rote Bete schälen und grob raspeln. Das Obst halbieren, schälen und das Kerngehäuse entfernen. In Würfel schneiden. Die Gemüsebrühe erhitzen, Rote Bete und Obst mit Ingwerpulver hineingeben und bei geringer Hitze 30 Minuten ziehen lassen. Anschließend mit dem Pürierstab sämig rühren. Mehl mit Rotwein verrühren und die Suppe damit andicken. Mit Salz abschmecken. Crème fraîche und saure Sahne verrühren und unter die Suppe heben oder als Klecks jeweils in die Mitte des Tellers geben. Dann mit der Suppe auffüllen. Mit gewaschenen Petersilienzweigen garniert servieren.

Selleriesuppe mit Blauschimmelcreme

Den Staudensellerie putzen, waschen, die groben Fasern mit einem Schälmesser entfernen und klein würfeln. Die Zwiebeln schälen, fein hacken und mit den Selleriewürfeln in Öl bei geringer Hitze 5 Minuten andünsten. Mit der Gemüsebrühe ablöschen und 15 Minuten bei mittlerer Hitze garen. Den Blauschimmelkäse und die Crème fraîche zu einer sämigen Masse verrühren. Die Suppe von der Herdplatte nehmen, die Creme unterrühren und mit Salz und Pfeffer abschmecken.

600 g Staudensellerie
3 Zwiebeln
4 EL Olivenöl
1 l Gemüsebrühe
50 g Blauschimmelkäse
100 ml Crème fraîche
Meersalz &
Mühlenpfeffer

Spinat-Cremesuppe

Die Zwiebel und den Knoblauch schälen, fein hacken und in Olivenöl glasig andünsten. Den Spinat putzen, waschen und grob hacken. Tropfnass dazugeben und so lange dünsten, bis er zusammenfällt. Die Gemüsebrühe angießen, aufkochen und 5 Minuten köcheln lassen. Vom Herd nehmen und die Sahne sowie das Eigelb einrühren. Mit Salz und Pfeffer abschmecken. Mit geröstetem Brot reichen.

1 Zwiebel
1 Knoblauchzehe
2 EL Olivenöl
700 g Spinat
700 ml Gemüsebrühe
100 ml Sahne
1 Eigelb
Meersalz &
Mühlenpfeffer

Salate

Blattsalat italienisch

1 Blattsalat
1 Zitrone
Meersalz &
Mühlenpfeffer
Olivenöl

Die einfachste Salat-Variante aus Italien:
Den Salat waschen, trocken schleudern und
klein zupfen. Zitronenschnitze, Salz, Pfeffer
und Olivenöl auf den Tisch stellen. Dann
kann sich jeder den Salat nach seinem
Geschmack anmachen.

*Serviervorschlag: Eine italienische Grund-
regel: Kein Essen ohne Brot und Wein.*

Champignon-Reis-Salat

80 g Langkornreis
2 Schalotten
20 g Cashewkerne
4 EL Olivenöl
300 g Champignons
1/4 Bund Petersilie
1 Zitrone
Meersalz &
Mühlenpfeffer

Eine Stunde vor Zubereitung des Salats den
Reis kochen.
Die Schalotten schälen, fein hacken und mit
den grob gehackten Cashewkernen in 1 EL
Olivenöl glasig dünsten. Die Champignons
putzen und in 1/2 cm dicke Scheiben schneiden. Zu den Schalotten und Cashewkernen
geben und unter ständigem Wenden 2 bis 3
Minuten andünsten. Von der Herdplatte nehmen, mit gewaschener, fein gehackter Petersilie, 1 EL Zitronensaft sowie Salz und Pfeffer
würzen. Dann den inzwischen abgekühlten
Reis gut untermischen. Mit 3 EL Olivenöl
begießen, vermischen und etwa 1 Stunde
ziehen lassen.

Chinakohl mit Orangen

Den Chinakohl waschen und quer in dünne Streifen schneiden. Den Feldsalat putzen, gründlich waschen und trocken schleudern. Die Orangen schälen, filetieren, in kleine Stücke schneiden und mit den Salaten mischen. Die Petersilie waschen, fein hacken und mit Joghurt, Essig, Apfeldicksaft, Salz und Pfeffer zu einer glatten Sauce verrühren. Zum Schluss das Olivenöl unterziehen. Die Sauce über den Salat gießen und gut vermischen.

1/2 Chinakohl (ca. 300 g)
50 g Feldsalat
2 Orangen
1 Bund Petersilie
150 ml Joghurt
1 EL Apfelessig
2 EL Apfeldicksaft
Meersalz & Mühlenpfeffer
2 EL Olivenöl

Einkaufstipp: Im Winter ist Chinakohl eine vitaminreiche und preiswerte Alternative zu Blattsalat.

Cocktailsalat mit Rucola & Paprika

Den Salat und Rucola putzen, waschen und trocken schleudern. Den Salat klein zupfen und den Rucola fein hacken. Beides in einer Schüssel vermischen. Das Eigelb mit dem Essig sowie etwas Salz und Pfeffer kräftig verrühren. Das Öl tröpfchenweise mit dem Schneebesen unterschlagen, bis eine sämige Sauce entsteht. Dann die Chilisauce einrühren. Mit Paprikapulver und Salz abschmecken und die Sauce mit dem Salat vermischen. Die Paprikaschoten waschen, halbieren, entstielen und die weißen Samenstränge herausschneiden. In dünne Streifen schneiden und 3 Minuten in Olivenöl dünsten. Noch warm über den Salat geben.

1 Blattsalat
1 Bund Rucola
1 Eigelb
1 EL Weißweinessig
Meersalz & Mühlenpfeffer
125 ml Olivenöl
2 EL Chilisauce
1 TL Paprikapulver
1 gelbe & 1 grüne Paprika
3 EL Olivenöl

Endiviensalat mit Senfsauce

1 Endiviensalat
2 Möhren
1 säuerlicher Apfel
100 ml Kefir
50 ml Sahne
1 TL milder Honig
2 TL mittelscharfer Senf
1/2 Bund Petersilie
Meersalz & Mühlenpfeffer
2 EL Olivenöl

Den Salat zerteilen (dabei die Strünke heraus-schneiden, da sie in der Regel zu bitter schmecken), waschen, trocken schleudern und in dünne Streifen schneiden. Die Möhren putzen, waschen und fein hobeln. Den Apfel waschen, vierteln und das Kerngehäuse ent-fernen. In dünne Scheiben schneiden.
Für das Dressing den Kefir mit Sahne, Honig und Senf verrühren. Die Petersilie waschen, fein hacken und dazugeben. Mit Salz und Pfeffer abschmecken und zum Schluss das Olivenöl unterziehen. Alle Zutaten gut vermischen.

Entenbrust auf Feldsalat

200 g Feldsalat
1 TL Balsamessig
3 EL Apfeldicksaft
Kräutersalz
4 EL Olivenöl
1 Entenbrust
2 TL Olivenöl
Meersalz & Mühlenpfeffer

Den Feldsalat putzen, gründlich waschen und trocken schleudern. Essig und Apfeldick-saft mit etwas Kräutersalz vermischen, dann das Öl kräftig unterrühren. Das Dressing über den Salat geben.
Etwas Olivenöl erhitzen, die Entenbrust sal-zen und von beiden Seiten scharf anbraten, wobei die Hautseite schön kross werden und das Fleisch innen noch leicht rosa sein sollte. In Alufolie gewickelt, die Entenbrust an-schließend auf der Fleischseite in den auf 120° C vorgeheizten Backofen legen und 5 Minuten ruhen lassen.
Den Salat auf Tellern anrichten. Das Fleisch salzen und pfeffern, in etwa 1/2 cm dicke Scheiben schneiden und noch warm auf dem Salat verteilen.

 Kochtipp: Das Fleisch wie im Rezept erwähnt unbedingt nach dem Braten ruhen lassen – nur so bleibt es zart und saftig!

Feldsalat mit Apfel & Radieschendressing

Den Feldsalat putzen, gründlich waschen und trocken schleudern. Den Apfel waschen, vierteln und das Kerngehäuse entfernen. In dünne Scheiben schneiden und mit etwas Zitronensaft beträufeln. Die Eier pellen, ebenfalls in dünne Scheiben schneiden und mit den Apfelscheiben auf dem Salat verteilen. Die Radieschen putzen, waschen, vierteln und mit der geschälten und gewürfelten Kartoffel, Joghurt und Honig im Küchenmixer oder mit dem Pürierstab zu einer sämigen Masse verarbeiten. Mit Salz und Pfeffer abschmecken und das Öl unterziehen. Das Dressing über den Salat geben.

150 g Feldsalat
1 säuerlicher Apfel
1 Zitrone
2 hart gekochte Eier
1–2 Bund Radieschen
1 gekochte Kartoffel
100 ml Joghurt
1 TL milder Honig
Meersalz &
Mühlenpfeffer
1 EL Olivenöl

Feldsalat mit Blumenkohl & Birne

Den Feldsalat putzen, gründlich waschen und trocken schleudern. Den Blumenkohl in der Gemüsebrühe etwa 5 Minuten bissfest garen, unter kaltem Wasser abschrecken und die Röschen abschneiden. Die Birnen waschen, vierteln, entkernen und in kleine Stücke schneiden. Mit dem Feldsalat und den Blumenkohlröschen vermischen. Joghurt oder Kefir mit Honig und Kräutern verrühren. Mit Salz und Pfeffer abschmecken, anschließend das Öl einrühren. Das Dressing über den Salat geben.

120 g Feldsalat
1/2 Blumenkohl
200 ml Gemüsebrühe
2 Birnen
150 ml Joghurt
oder Kefir
1 TL milder Honig
1/2 TL getrocknete
Küchenkräuter
Meersalz &
Mühlenpfeffer
1 EL Distelöl

Feldsalat mit Radieschen

1 mehlig kochende
Kartoffel
150 ml Joghurt
1 Zitrone
1 TL milder Honig
Meersalz &
Mühlenpfeffer
2 EL Olivenöl
150 g Feldsalat
1 Bund Radieschen

Die Kartoffel kochen, pellen und in dem Joghurt zerdrücken. Mit etwas Zitronensaft, Honig und eventuell etwas Wasser glatt rühren. Salzen, pfeffern und zum Schluss das Olivenöl einrühren.

Den Feldsalat putzen, gründlich waschen und trocken schleudern. Auf Tellern verteilen. Die Radieschen putzen, waschen, vierteln und auf dem Salat anrichten. Das Joghurtdressing darüber geben.

Kochtipp: Wer mag, kann Speckwürfel auslassen und darüber streuen.

Feldsalat mit Räucherlachs

100 g Räucherlachs
1 Orange
100 ml Schlagsahne
2–3 TL Meerrettich
aus dem Glas
1 EL Apfeldicksaft
Meersalz
150 g Feldsalat

Den Räucherlachs portionieren. Die Orange schälen, filetieren und mit dem Lachs nebeneinander auf Tellern anrichten.

Die Sahne halb steif schlagen, Meerrettich und Apfeldicksaft einrühren, mit einer Prise Salz abschmecken und das Ganze noch etwas steifer schlagen.

Feldsalat putzen, gründlich waschen und trocken schleudern. Auf den Tellern verteilen und mit Sahnehäubchen garnieren. Die restliche Sahne neben den Fisch und die Orangenschnitze geben.

Serviervorschlag: Dazu empfehlen wir Schwarzbrot und einen trockenen Riesling-Sekt.

Feldsalat mit Speck-Schalotten-Dressing

Den Feldsalat putzen, gründlich waschen und trocken schleudern. Den Speck fein würfeln und bei geringer Hitze in einer Pfanne auslassen. Währenddessen die Schalotten schälen und fein würfeln. 10 g Butter zum Speck geben, die Schalotten hinzufügen und andünsten. Dann den Essig und den Zucker einrühren. Mit Salz und Pfeffer abschmecken und das Ganze noch einige Minuten bei geringer Hitze ziehen lassen. In einer zweiten Pfanne die übrige Butter zerlassen. Die Toastscheiben in Würfel schneiden und darin anrösten.
Den Feldsalat auf Tellern anrichten. Speck-Schalotten-Dressing darüber geben und kurz vor dem Servieren die heißen Brotwürfel darauf verteilen.

250 g Feldsalat
100 g magerer Speck
100 g Schalotten
20 g Butter
2 EL Rotweinessig
1 TL Vollrohrzucker
Meersalz &
Mühlenpfeffer
3 Scheiben Dinkeltoast

Fenchelsalat mit Avocadocreme

Den Kopfsalat putzen, waschen und trocken schleudern. Die Blätter auf Tellern anrichten. Den Fenchel und die Möhre putzen, grob raspeln, vermischen und auf dem Salat verteilen. Die Avocado halbieren, den Kern entfernen, schälen und das Fruchtfleisch mit einer Gabel fein zerdrücken. Den Saft von einer 1/2 Orange und die Sahne dazugeben und zu einer glatten Masse verrühren. Mit Salz und Pfeffer abschmecken. Die Creme über dem geraspelten Gemüse verteilen.

1/2 Kopfsalat
1 Fenchelknolle
1 Möhre
1 Avocado
1 Orange
2 EL Sahne
Meersalz &
Mühlenpfeffer

Fenchelsalat mit Senfdressing

2 Fenchelknollen
50 ml Gemüsebrühe
2 TL mittelscharfer Senf
Meersalz
6 EL Walnussöl
3 Frühlingszwiebeln
2 Möhren
1 Blattsalat

Das Fenchelgrün abzupfen, fein hacken und mit heißer Gemüsebrühe und Senf verrühren. Mit Salz abschmecken und dann das Walnussöl unterziehen, sodass ein sämiges Dressing entsteht. Abkühlen lassen.

Den Fenchel putzen, waschen und mit den geputzten Frühlingszwiebeln in dünne Streifen schneiden. Die Möhren putzen und grob raspeln. Den Fenchel 1 Minute in kochendem Wasser blanchieren, abschrecken und gut abtropfen lassen. Anschließend mit dem übrigen Gemüse und dem Dressing gut vermischen.

Den Blattsalat putzen, waschen, trocken schleudern und auf Tellern verteilen. Den Fenchelsalat darauf anrichten.

Friséesalat mit Butterchampignons

1 Friséesalat
150 g Champignons
1 EL Butter
1 kleine Zwiebel
2 EL Balsamessig
1/2 TL getrocknete Küchenkräuter
Meersalz & Mühlenpfeffer
1 EL Apfeldicksaft
4 EL Olivenöl

Den Friséesalat waschen, trocken schleudern und klein zupfen. Die Champignons putzen, in dicke Scheiben schneiden oder vierteln und in heißer Butter von allen Seiten anbraten.

Die Zwiebel schälen und fein hacken. Mit dem Essig, Kräutern, Salz und Pfeffer sowie Apfeldicksaft verrühren. Dann das Olivenöl unterschlagen.

Den Friséesalat auf Tellern verteilen. Die Butterchampignons darauf anrichten und mit dem Dressing begießen.

Kochtipp: Wenn Pilze nicht zu stark verschmutzt sind, sollte man sie nie waschen, sondern nur putzen – sonst verlieren sie zu sehr an Aroma.

Gurkensalat

Die Gurke waschen, in dünne Scheiben hobeln, leicht salzen, vermischen und in ein Abtropfsieb geben. Den Dill waschen, trocken tupfen und fein hacken. In den Joghurt rühren. Mit Kräutersalz, Pfeffer und frisch geriebener Muskatnuss würzen, dann das Olivenöl einrühren. Die Gurken durch leichtes Drücken entwässern, in eine Schüssel geben und das Dressing untermischen.

1 Schlangengurke
1/2 Bund Dill
150 ml Joghurt
Kräutersalz
Mühlenpfeffer
Muskatnuss
2 EL Olivenöl

Kochtipp: Damit das Gurkenaroma noch besser zur Geltung kommt, die Gurke längs halbieren und mit dem Teelöffel die Kerne und das weiche Fleisch entfernen. Auf diese Weise wird der Salat nicht so wässrig.

Kartoffel-Gurken-Salat

Die Kartoffeln kochen, pellen, abkühlen lassen und dann würfeln. Die Gurke waschen und in klein Würfel schneiden. Die Frühlingszwiebeln und den Schnittknoblauch putzen und fein hacken. Alle Gemüse vermischen. Aus Essig, Salz, Pfeffer, Olivenöl und Apfeldicksaft eine Sauce bereiten und unter das Gemüse heben. 1 Stunde ziehen lassen.

400 g fest kochende Kartoffeln
1 Schlangengurke
1 Bd. Frühlingszwiebeln
1 Bd. Schnittknoblauch (oder 1 Knoblauchzehe)
1 EL Balsamessig
Meersalz & Mühlenpfeffer
8 EL Olivenöl
1 EL Apfeldicksaft

Einkaufstipp: Schnittknoblauch erhält man von Juni bis August.

Kartoffelsalat mit Zitronen-Knoblauch-Dressing

500 g fest kochende Kartoffeln
2 Möhren
1 Bund Radieschen
1 Zitrone
1 Knoblauchzehe
1 EL milder Honig
Meersalz & Mühlenpfeffer
3 EL Olivenöl
1 Blattsalat

Die Kartoffeln und die geputzten Möhren unter fließendem Wasser waschen und in Salzwasser gar kochen. Kartoffeln pellen und würfeln, Möhren in feine Stifte schneiden. Beides abkühlen lassen. Die Radieschen putzen, waschen, vierteln und mit dem übrigen Gemüse vermischen.

Den Saft der Zitrone, die geschälte und durchgepresste Knoblauchzehe, Honig, Salz und Pfeffer mit dem Olivenöl in einem geschlossenen Glas gut schütteln, bis eine sämige Sauce entsteht. Das Dressing über das Gemüse geben, untermischen und 10 Minuten ziehen lassen.

In der Zwischenzeit den Salat putzen, waschen, trocken schleudern und klein zupfen. Auf Tellern verteilen und das Gemüse darauf anrichten.

Kartoffel-Tomaten-Salat

400 g fest kochende Kartoffeln
200 g Tomaten
1 Bund Radieschen
150 g Mozzarella
1 Zweig Basilikum
1 1/2 EL Balsamessig
Meersalz & Mühlenpfeffer
4 EL Olivenöl

Die Kartoffeln kochen, pellen und klein würfeln. Abkühlen lassen. Die Tomaten waschen und in dünne Scheiben schneiden (dabei die Stielansätze entfernen). Die Radieschen putzen, waschen und vierteln. Den Mozzarella in kleine Würfel schneiden und die gewaschenen Basilikumblätter klein zupfen. In einer Schüssel alles miteinander vermengen.

Mit Balsamessig begießen, salzen und pfeffern und gut untermischen. Das Olivenöl darüber gießen und nochmals gut vermengen.

Kohlrabi-Mairüben-Salat

Die kleinen Kohlrabiblätter abzupfen, waschen und beiseite legen. Den Kohlrabi und die Mairüben dünn schälen und stifteln. Die Möhren putzen, waschen und in Scheiben schneiden. Alle Gemüse in eine Schüssel geben und vermischen.

Die Kohlrabiblättchen und die geschälte Zwiebel fein hacken. Mit Essig und Apfeldicksaft verrühren. Salzen, pfeffern und das Olivenöl unterziehen. Das Dressing mit dem Gemüse vermischen.

Den Salat putzen, waschen und trocken schleudern. Die Blätter auf Tellern anrichten und das Gemüse darauf verteilen.

1 Kohlrabi
1 Bund Mairüben
2 Möhren
1 Zwiebel
2 EL Apfelessig
1 EL Apfeldicksaft
Meersalz &
Mühlenpfeffer
4 EL Olivenöl
1 Blattsalat

Kopfsalat mit Kressesauce

Den Salat putzen, waschen und die Blätter auf Tellern anrichten. Die Tomaten waschen, Stielansätze entfernen und das Fruchtfleisch klein würfeln.

Die Kresse oberhalb der Wurzeln abschneiden und mit dem Kefir im Küchemixer oder mit dem Pürierstab kurz vermischen. Mit Salz, Pfeffer und frisch geriebener Muskatnuss abschmecken, dann das Olivenöl einrühren. Unter die Tomatenwürfel mischen und auf den Salatblättern verteilen.

1 Kopfsalat
100 g Tomaten
1 Kästchen Kresse
100 ml Kefir
Meersalz &
Mühlenpfeffer
Muskatnuss
3 EL Olivenöl

Lauchsalat mit Forellenhäppchen

900 g Lauch
1 Bund Dill
200 g Rote Bete
2 EL Olivenöl
350 g geräuchertes Forellenfilet
1 Blattsalat
1 EL milder Honig
6 EL Balsamessig
Meersalz
Cayennepfeffer

Den Lauch putzen, in 1 cm dicke Ringe schneiden, waschen und in Salzwasser 5 Minuten blanchieren. Abkühlen lassen. Den Dill waschen, trocken tupfen und fein hacken. Mit den Lauchringen vermischen.

Die Rote Bete schälen, 30 Minuten kochen und in Scheiben schneiden (alternativ dürfen es auch Rote-Bete-Scheiben aus dem Glas sein). Mit dem Öl in einer Schüssel vermengen.

Das Forellenfilet, falls nötig, häuten und entgräten. Grob zerteilen.

Die inneren Blätter aus dem Blattsalat herauslösen, waschen und trocken schleudern. Den Honig mit Essig, Salz, Cayennepfeffer und etwas Wasser zu einer Sauce verrühren. Eine große Platte mit den Salatblättern auslegen. Den Lauch, die Rote Bete und das Forellenfilet darauf schichten. Mit der Sauce beträufeln.

Maissalat mit Roter Bete

2 Maiskolben
1/2 Bund Rote Bete (ca. 300 g)
100 ml Joghurt
1 EL Apfelessig
1/2 TL milder Honig
Meersalz & Mühlenpfeffer
1 Zweig Zitronenmelisse
6 EL Walnussöl
1 Blattsalat

Die Maiskolben entblättern und mit der geschälten, in 1/2 cm dünne Scheiben geschnittenen Roten Bete 5 Minuten in kochendem Wasser blanchieren. Kalt abschrecken und abkühlen lassen.

Den Joghurt mit Essig und Honig glatt verrühren und mit Salz und Pfeffer würzen. Die gewaschenen Zitronenmelisseblätter in feine Streifen schneiden und untermischen. Das Öl unterziehen und 15 Minuten ziehen lassen.

Mit einem Messer die Körner vom Maiskolben schneiden und die Rote Bete stifteln. Den Salat putzen, waschen und trocken schleudern. Die Salatblätter mit dem Gemüse und dem Dressing gut vermischen.

Möhren & Sellerie mit Dips

Für den ersten Dip die Avocado halbieren, den Kern entfernen, schälen und das Fruchtfleisch mit dem Saft der Orange zu einer möglichst glatten Masse verrühren. Mit Salz und Pfeffer abschmecken und das Öl unterziehen.

Für den zweiten Dip den Blauschimmelkäse zerbröseln, mit Joghurt und Crème fraîche glatt verrühren und mit Salz und weißem Pfeffer würzen.

Die Möhren putzen, waschen und in lange, dünne Stangen schneiden. Die Selleriestangen putzen und waschen. Zu den beiden Dips servieren.

1. Dip:
1 Avocado
1 Orange
Meersalz &
Mühlenpfeffer
1 EL Olivenöl

2. Dip:
30 g Blauschimmelkäse
100 ml Joghurt
100 g Crème fraîche
Meersalz &
weißer Pfeffer
4 große Möhren
1 Staudensellerie

Getränkevorschlag: Reichen Sie zu diesen Dips einen Riesling-Sekt.

Pikanter Avocadosalat

Die Kartoffeln kochen, pellen und in Würfel schneiden. Chilischote und geschälte Knoblauchzehe fein hacken und in dem Olivenöl kurz andünsten. Kartoffelwürfel und klein gehackte Sardellenfilets dazugeben und 5 Minuten bei geringer Hitze ziehen lassen. Die Avocado halbieren, den Kern entfernen, schälen und das Fleisch in kleine Stücke schneiden. Mit der sauren Sahne unter die Kartoffeln rühren. Mit Salz und Pfeffer abschmecken.

Den Eichblattsalat putzen, waschen und trocken schleudern. Die Blätter auf Tellern verteilen und den Avocadosalat darauf geben.

200 g fest kochende Kartoffeln
1 Chilischote
1 Knoblauchzehe
2 EL Olivenöl
3 Sardellenfilets
1 Avocado
150 ml saure Sahne
Meersalz &
Mühlenpfeffer
1/2 Eichblattsalat

Pikanter Sommersalat

1 TL Senf
1 Eigelb
1 Knoblauchzehe
1 TL Curry
1 Msp. Muskatnuss
Meersalz &
Mühlenpfeffer
6 EL Olivenöl
1 EL Balsamessig
2 EL Joghurt
1 EL trockener
Weißwein
1 Blattsalat
2 kleine Gurken
1 Bund Frühlings-
zwiebeln

Den Senf, Eigelb, geschälte und durchgepresste Knoblauchzehe und die Gewürze im
Küchenmixer gut verrühren und mit Salz und
Pfeffer abschmecken. Unter Rühren langsam
das Öl und den Essig dazugeben. Joghurt
und Wein vermischen, ebenfalls allmählich
hinzufügen und das Ganze zu einer sämigen
Masse schlagen.

Den Salat, die Gurken und die Frühlingszwiebeln putzen, waschen, in Stücke schneiden
und mit dem Dressing mischen.

Postelein & Kresse
mit Honig-Zimt-Sauce

150 g Postelein
1 Kästchen Kresse
1 säuerlicher Apfel
60 ml Crème fraîche
40 ml Joghurt
2 TL milder Honig
1 Prise Zimt
Meersalz
2 EL Distelöl
20 g Mandelstifte
1 TL Butter

Den Postelein putzen, waschen, trocken
schleudern und mit der oberhalb der Wurzeln
abgeschnittenen Kresse und einem geriebenen Apfel vermischen.

Crème fraîche, Joghurt, Honig und Zimt glatt
verrühren, mit einer Prise Salz abschmecken
und das Distelöl unterziehen.

Den Salat auf Tellern anrichten und die Sauce darüber geben. Die Mandelstifte in der
Butter bräunen und auf den Salat streuen.

*Einkaufstipp: Postelein, auch Portulak
genannt, ist eine tolle Alternative zu Feldsalat. Die saftigen Blätter und Stiele haben
einen leicht salzigen und säuerlichen
Geschmack.*

Postelein mit Orangensahne

Die Eier hart kochen und abkühlen lassen. Den Postelein putzen, waschen, trocken schleudern und auf Tellern verteilen. Die Radieschen putzen, waschen und in dünne Scheiben schneiden. Die Eier pellen und ebenfalls in Scheiben schneiden. Mit den Radieschen auf dem Postelein verteilen. Die Sahne halb steif schlagen. Die Orange auspressen und den Saft mit etwas Salz und Pfeffer langsam unter die Sahne rühren. Anschließend das Olivenöl unterziehen und die Orangensahne auf den Salat geben. Die Cashewkerne grob hacken, in heißer Butter goldbraun rösten und über die Sahne streuen.

2 Eier
150 g Postelein
1 Bund Radieschen
100 ml Sahne
1 Orange
Meersalz &
Mühlenpfeffer
1 EL Olivenöl
50 g Cashewkerne
1 TL Butter

Postelein mit Räucherlachs

Den Postelein putzen, waschen, trocken schleudern und auf Tellern portionieren. Die Gurke waschen und fein stifteln. Den Lachs in Streifen schneiden und mit der Gurke auf dem Postelein verteilen. Aus dem Saft von einer 1/2 Orange, Joghurt oder Sahne, einer Prise Salz, Pfeffer, Dill und Olivenöl ein Dressing anrühren und den Salat damit begießen. Mit geröstetem Graubrot servieren.

150 g Postelein
(oder Blattsalat)
1 kleine Gurke
100 g Räucherlachs
1 Orange
100 ml Joghurt oder
Sahne
Meersalz &
Mühlenpfeffer
1 TL Dill
1 EL Olivenöl

Radicchio-Apfel-Salat

1/2 Radicchio
1 säuerlicher Apfel
1/2 EL Zitronensaft
1 Blattsalat
50 ml Joghurt
50 ml Crème fraîche
1 TL milder Honig
Meersalz &
Mühlenpfeffer
3 EL Olivenöl
50 g Cashewkerne

Den Strunk des Radicchio entfernen, die Blätter quer in sehr dünne Streifen schneiden, waschen und trocken schleudern. Mit einem geriebenen Apfel und dem Zitronensaft vermischen. Den Salat putzen, waschen und trocken schleudern.

Joghurt und Crème fraîche mit Zitronensaft und Honig glatt verrühren, mit Salz und Pfeffer abschmecken und das Olivenöl unterziehen. Die Salatblätter auf Tellern verteilen. Die Radicchio-Apfel-Mischung darauf anrichten. Mit dem Dressing begießen und mit grob gehackten Cashewkernen bestreuen.

Radieschen mit Zitronen-Knoblauch-Dressing

1 Bund Radieschen
2 Möhren
1 Zitrone
1 Knoblauchzehe
1/2 TL milder Honig
3 EL Olivenöl
Meersalz &
Mühlenpfeffer
1 Eissalat

Die Radieschen putzen, waschen und in dünne Scheiben schneiden. Die geputzten und gewaschenen Möhren fein hobeln. Beides vermischen.

Den Saft der Zitrone, eine geschälte und durchgepresste Knoblauchzehe und den Honig mit dem Olivenöl in einem geschlossenen Glas gut schütteln, bis eine sämige Sauce entsteht. Mit Salz und Pfeffer abschmecken. Über die Radieschen und Möhren geben, vermischen und 10 Minuten ziehen lassen.

In der Zwischenzeit den Eissalat putzen, waschen, trocken schleudern und klein zupfen. Auf Tellern verteilen und die Radieschen-Möhren-Mischung darauf anrichten.

Rucola mit Ziegenkäse

Vom Rucola die Stielenden entfernen. Mit dem Salat waschen und trocken schleudern. Die Salatblätter klein zupfen. Die Orange schälen, filetieren und mit den Salaten vermischen. Für das Dressing Essig und Senf mit Salz und Pfeffer verrühren, dann 4 El Olivenöl einrühren. In einer beschichteten Pfanne 1 EL Öl erhitzen und die Ziegenkäse darin von beiden Seiten goldgelb anbraten. Den Salat auf Tellern anrichten, die Ziegenkäse und das Dressing darauf verteilen.

1 Bund Rucola
1 Bataviasalat
1 Orange
2 EL Rotweinessig
1 TL Dijon-Senf
Meersalz &
Mühlenpfeffer
5 EL Olivenöl
4 kleine Ziegenkäse
à ca. 25 g

Getränkevorschlag: Servieren Sie dazu einen fruchtigen Weißwein.

Rucola-Eier-Salat

Die Eier hart kochen, abschrecken, pellen und klein schneiden. Die Tomaten waschen, Stielansätze entfernen und das Fruchtfleisch würfeln. Vom Rucola die Stielenden entfernen. Waschen, trocken schleudern und grob hacken. Aus einer geschälten und fein gehackten Zwiebel, Joghurt, Essig, Salz, Pfeffer und Öl ein Dressing bereiten und mit den anderen Zutaten gut vermischen.

3 Eier
400 g Tomaten
1 Bund Ruccola
1 Zwiebel
75 ml Joghurt
1 EL Weißweinessig
Meersalz &
Mühlenpfeffer
3 EL Olivenöl

Rucola-Möhren-Salat

Vom Rucola die Stielenden entfernen. Waschen, trocken schleudern und grob hacken. Die Möhren putzen, waschen und raspeln. Die Zwiebel schälen und sehr fein hacken. Mit dem Essig verrühren, salzen, pfeffern und dann das Olivenöl unterrühren. Die geraspelten Möhren auf den Rucola geben und das Dressing darüber verteilen. Mit frisch geriebenem Parmesankäse bestreuen.

1 Bund Rucola
200 g Möhren
1 Zwiebel
1 1/2 EL Balsamessig
Meersalz &
Mühlenpfeffer
5 EL Olivenöl
50 g Parmesan

Rucola-Tomaten-Salat

1 Bund Rucola
6 Strauchtomaten
1 Blattsalat
1 EL Balsamessig
Meersalz &
Mühlenpfeffer
3 EL Olivenöl

Vom Rucola die Stielenden abschneiden. Waschen, trocken schleudern und je nach Größe zerkleinern. Die Tomaten waschen, entstielen und in Scheiben schneiden. Den Blattsalat putzen, waschen, trocken schleudern und klein zupfen. Alles in einer Schüssel gut vermischen.

Den Balsamessig mit Salz und Pfeffer verrühren und nach und nach das Öl unterschlagen. Das Dressing mit dem Salat vermischen.

Salat mit Avocado & Roter Bete

2 mittelgroße Rote Bete
1 Avocado
1 Bataviasalat
100 ml Joghurt
1 TL milder Honig
1 TL getrocknete Salatkräuter
Meersalz &
Mühlenpfeffer
1 EL Olivenöl

Die Rote Bete schälen und in kochendem Wasser garen. Anschließend würfeln. Die Avocado halbieren, den Kern entfernen, schälen und das Fleisch in kleine Würfel schneiden. Mit der Roten Bete vermischen. Den Salat putzen, waschen, klein zupfen und auf Tellern verteilen.

Aus Joghurt, Honig, Kräutern, Salz, Pfeffer und Öl ein Dressing bereiten. Mit den Avocado- und Rote-Bete-Würfeln vermischen und auf dem Salat anrichten.

Salat mit Croûtons & Lachs

1 Blattsalat
1 Bd. Frühlingszwiebeln
2 Scheiben Dinkel- oder Weizenbrot
1 EL Butter
150 ml Joghurt
1/2 Bund Petersilie
2 TL milder Honig

Den Salat putzen, waschen, trocken schleudern und klein zupfen. Die Frühlingszwiebeln putzen und in Ringe schneiden. Die Brotscheiben würfeln und mit den Zwiebelringen in heißer Butter bräunen.

Den Joghurt mit gewaschener und fein gehackter Petersilie sowie Honig vermischen, mit Salz und Pfeffer abschmecken und das Olivenöl einrühren.

Den Salat auf Tellern anrichten. Das Dressing darüber geben. Darauf die Brot-Zwiebel-Croûtons und den in dünne Streifen geschnittenen Lachs verteilen.

Meersalz & Mühlenpfeffer
2 EL Olivenöl
100 g Räucherlachs

Übrigens: Croûtons, die aus Sauerteigbrot hergestellt werden, schmecken besonders lecker.

Salat mit Mais & Brokkoli

Die Maiskolben entblättern, in ungesalzenem Wasser 5 Minuten kochen, herausnehmen und abschrecken. Das Wasser leicht salzen, den geputzten und gewaschenen Brokkoli darin etwa 5 Minuten garen und ebenfalls abschrecken. Die Maiskörner mit einem Messer ablösen und den Brokkoli in kleine Röschen zerteilen. Den Salat putzen, waschen, trocken schleudern und auf Tellern verteilen. Aus verquirltem Joghurt, Honig, etwas Salz und Pfeffer sowie Öl eine leichte Sauce bereiten und mit den Maiskörnern und den Brokkoliröschen vermischen. Auf den Salatblättern anrichten.

2 Maiskolben
400 g Brokkoli
1/2 Blattsalat
100 ml Joghurt
1 TL milder Honig
Meersalz & Mühlenpfeffer
2 EL Olivenöl

Salat mit Tomaten-Vinaigrette

Die Tomaten kreuzwise einritzen, kurz in kochendes Wasser geben und anschließend kalt abschrecken. Häuten, entstielen und entkernen. Das Fruchtfleisch würfeln und mit Essig und Öl sowie einer durchgepressten Knoblauchzehe im Küchenmixer oder mit dem Pürierstab zu einer sämigen Sauce verarbeiten. Mit Salz und Pfeffer abschmecken. Den Salat putzen, waschen, trocken schleudern und klein zupfen. Auf Tellern verteilen. Den Mozzarella würfeln und darauf anrichten. Die Tomaten-Vinaigrette darüber gießen.

3 Tomaten
2 EL Balsamessig
5 EL Olivenöl
1 Knoblauchzehe
Meersalz & Mühlenpfeffer
1 Blattsalat
150 g Mozzarella

Sellerie-Salat

1 Sellerieknolle
1 Bund Radieschen
1 säuerlicher Apfel
1/2 Bund Petersilie
100 ml Joghurt
1 TL Ahornsirup oder
milder Honig
Meersalz &
Mühlenpfeffer
3 EL Distelöl

Die feinen Herzblättchen vom Sellerie abzupfen und beiseite legen. Die Knolle schälen, in
mundgerechte Stifte schneiden, in kochendem Wasser 5 Minuten bissfest dünsten,
abschrecken und abtropfen lassen. Die
Radieschen putzen, waschen und vierteln.
Den Apfel halbieren, entkernen und in Scheiben schneiden. Mit den Selleriestiften vermischen.
Sellerieblättchen und Petersilie waschen,
trocken tupfen und fein hacken. Mit Joghurt,
Ahornsirup oder Honig, Salz, Pfeffer und Öl
verrühren. Unter den Salat mischen.
30 Minuten ziehen lassen.

*Einkaufstipp: Die Vitaminbombe Sellerie ist
eine preiswerte alternative, wenn die Blattsalate im Winter zu teuer sind.*

Sommersalat Mediterrané

1 Eissalat
2 Tomaten
1 Zwiebel
1 Salatgurke
1 Bund Basilikum
6 EL Weißweinessig
8 EL Olivenöl
Meersalz &
Mühlenpfeffer
500 g Feta
200 g schwarze oder
grüne entkernte Oliven
8 eingelegte Pepperoni

Den Eissalat putzen, waschen, trocken
schleudern und in mundgerechte Stücke zupfen. Die Tomaten waschen und achteln
(dabei die Stielansätze entfernen). Die Zwiebel schälen, vierteln und in feine Scheiben
schneiden. Die Gurke waschen, längs halbieren und ebenfalls fein schneiden.
Das Basilikum waschen, trocken tupfen, die
Blätter fein hacken und zusammen mit Essig
und Öl zu einer Vinaigrette verrühren. Mit
Salz und Pfeffer abschmecken.
Den Feta würfeln und mit den Oliven sowie
den Tomaten, Zwiebeln und Gurken in die
Vinaigrette geben. Zum Schluss den Eissalat
darunter mischen und auf Tellern anrichten.
Die Pepperoni in Stücke schneiden und
darauf legen.

Sommersalat mit Feta

Die Paprikaschoten waschen, halbieren, entstielen und die weißen Samenstränge herauslösen. In dünne Streifen schneiden. Die Tomaten waschen und in Scheiben schneiden (dabei Stielansätze entfernen). Die Zwiebeln schälen und in Ringe schneiden. Den Eissalat putzen, waschen, trocken schleudern und in mundgerechte Stücke zupfen. Alle Gemüse mit den Oliven und dem gewürfelten Feta in einer Schüssel gut vermischen. Essig, Honig und Kefir in einem geschlossenen Glas schütteln, bis sich der Honig aufgelöst hat. Mit Pfeffer und Salz würzen, das Öl einschütteln und das Dressing unter den Salat mischen.

2 gelbe Paprika
6 Cocktailtomaten
2 Zwiebeln
1 Eissalat
1 Dutzend schwarze
entkernte Oliven
100 g Feta
1 EL Weißweinessig
1/2 TL milder Honig
100 ml Kefir
Meersalz &
Mühlenpfeffer
3 EL Olivenöl

Tomaten-Zucchini-Salat

Den Salat putzen, waschen, trocken schleudern und klein zupfen. Die Tomaten und Zucchini waschen, Stielansätze entfernen und das Gemüse in Scheiben schneiden. Den Kefir mit der Minze und Apfeldicksaft verrühren. Salzen und pfeffern, dann das Olivenöl unterziehen. Alle Zutaten mit dem Dressing gut vermischen und auf Tellern anrichten. Dazu schmeckt helles Weizenbrot.

1 Eichblattsalat
200 g Tomaten
200 g Zucchini
100 ml Kefir
1–2 TL getr. Minze
1–2 TL Apfeldicksaft
Meersalz &
Mühlenpfeffer
1 EL Olivenöl

Tomatensalat mit Rucola-Joghurt

1/2 Blattsalat	Den Salat putzen, waschen, trocken schleu-
400 g Tomaten	dern und klein zupfen. Die Tomaten waschen
1/2 Bund Rucola	und vierteln (dabei Stielansätze entfernen).
150 ml Joghurt	Vom Rucola die Stielenden entfernen.
Meersalz &	Waschen, trocken schleudern und fein
Mühlenpfeffer	hacken. Mit dem Joghurt verrühren. Salzen
1/2 TL Ahornsirup	und pfeffern, mit Ahornsirup oder Honig
oder milder Honig	leicht süßen und das Olivenöl einrühren. Alle
2 EL Olivenöl	Zutaten gut vermischen.

Topinambursalat

1/2 Blattsalat	Die Salatblätter putzen, waschen und trocken
700 g Topinambur	schleudern. Die Topinambur unter fließen-
1 säuerlicher Apfel	dem Wasser abbürsten und in Salzwasser
1/2 Zitrone	20 Minuten garen. Dann enthäuten, abküh-
100 ml süße oder	len lassen, in 1/2 cm dicke Scheiben schnei-
saure Sahne	den und auf den ausgelegten Salatblättern
2 EL Obstessig	anrichten. Den Apfel waschen, halbieren und
1 EL Sonnenblumenöl	das Kerngehäuse entfernen. In Würfel schnei-
2 TL milder Honig	den, auf den Topinamburscheiben verteilen
Meersalz &	und mit Zitronensaft beträufeln.
Mühlenpfeffer	Die Sahne mit Essig, Öl und Honig zu einem
1/2 Bund Petersilie	Dressing verrühren und mit Pfeffer und Salz
1 EL gemahlene	würzen. Die Hälfte der gewaschenen und
Haselnüsse	gehackten Petersilie mit den Haselnüssen
30 g Pinienkerne	unter die Sahne mischen und über den Salat
	geben. Die Pinienkerne in einer Pfanne ohne
	Fett anrösten und mit der restlichen Petersi-
	lie darüber streuen.

 Serviervorschlag: Dazu frisches Vollkornbrot reichen.

Tricolore mit Orangensahne

Den Feldsalat putzen, gründlich waschen und trocken schleudern. Die Blumenkohlröschen abschneiden und mit den Möhren waschen und raspeln. Die Nüsse knacken und grob hacken. Die Sahne und den Saft der Orange verquirlen, mit Salz und Pfeffer würzen und das Olivenöl einrühren. Blumenkohl- und Möhrenraspel auf einem Bett aus Feldsalat verteilen und mit dem Dressing begießen.

150 g Feldsalat
1/4 Blumenkohl
150 g Möhren
6 Walnüsse
50 ml Sahne
1 Orange
Meersalz &
Mühlenpfeffer
2 EL Olivenöl

Weißkohl-Mais-Salat

Die Maiskolben entblättern und in kochendem Wasser etwa 7 Minuten garen. Abkühlen lassen und die Körner mit einem Messer ablösen. Den Weißkohl fein hobeln. Die Zwiebeln schälen und in feine Ringe schneiden. Den Knoblauch schälen, mit einem Messer leicht zerdrücken und sehr fein hacken. Alle Gemüse in einer Schüssel gut vermischen.
Aus Sahne, Essig, Honig und den Gewürzen eine Marinade anrühren, mit dem Gemüse vermischen und 1 Stunde ziehen lassen. Dann erst das Öl unterrühren. Die entsteinten Datteln in kleine Stücke schneiden und unter den Salat mischen. Die Eissalatblätter waschen und trocken schleudern. Auf Teller legen und den Weißkohl-Mais-Salat darauf verteilen. Dazu Fladenbrot reichen.

2 Maiskolben
1 Weißkohl (ca. 500 g)
2 Zwiebeln
1 Knoblauchzehe
250 ml saure Sahne
3 EL Weißweinessig
1 EL milder Honig
2 TL Kurkuma
1/2 TL Zimt
1 TL Ingwergewürz
1 TL Kardamon
Cayennepfeffer
Meersalz &
Mühlenpfeffer
2 EL Olivenöl
6 Datteln
1/2 Eissalat

Gratins

Brokkoli-Reis-Gratin

150 g Langkornreis
500 g Brokkoli
1 EL Olivenöl
250 g geschälte
Tomaten aus der Dose
100 g Quark
2 Eigelb
100 ml Sahne
Meersalz &
Mühlenpfeffer
100 g Bergkäse
50 gehobelte Mandeln

Den Reis kochen. Den Brokkoli putzen. Die Röschen abschneiden, waschen und in leicht gesalzenem Wasser bissfest dünsten. Abgießen und gut abtropfen lassen. Eine Auflaufform mit Öl einstreichen. Reis, Brokkoli und gehackte Tomaten darin verteilen.

Den Quark mit Eigelb und Sahne gut verrühren, mit Salz und Pfeffer abschmecken und in die Form geben. Den Käse darüber reiben, mit Mandeln bestreuen und im auf 180° C vorgeheizten Ofen etwa 30 Minuten backen, bis der Käse goldbraun ist.

Chinakohl & Pute in Currygratin

1 mittelgroßer
Chinakohl
400 g Putenbrust
3 EL Olivenöl
Meersalz &
Mühlenpfeffer
150 ml Sahne
2 Eier
1 EL Currypulver
150 g Gouda

Den Chinakohl putzen, in dünne Streifen schneiden und waschen. In kochendem Wasser etwa 3 Minuten blanchieren und dann kalt abschrecken.

Die Putenbrust ebenfalls in dünne Streifen schneiden, in Olivenöl von allen Seiten scharf anbraten und mit Salz, Pfeffer und Curry würzen.

Das Fleisch und den Kohl in einer eingefetteten Auflaufform verteilen. Sahne und Eier mit etwas Salz und Currypulver verquirlen und darauf geben. Den Käse darüber reiben und im auf 180° C vorgeheizten Ofen etwa 35 Minuten backen.

Fenchelauflauf

Den Fenchel putzen, den Strunk entfernen, das feine Grün abzupfen und hacken. Die Knollen in Streifen schneiden. Die Zwiebel schälen, fein hacken und mit dem Fenchel in einer eingefetteten Auflaufform verteilen. Milch mit Eiern und dem Fenchelgrün verquirlen und mit Pfeffer, Salz und frisch geriebener Muskatnuss würzen. Die Masse über dem Fenchel verteilen, mit geriebenem Käse bestreuen und im auf 180° C vorgeheizten Ofen etwa 35 Minuten backen. Dazu Petersilienkartoffeln reichen.

500 g Fenchel
1 Zwiebel
3 EL Olivenöl
100 ml Milch
2 Eier
Meersalz &
Mühlenpfeffer
Muskatnuss
150 g mittelalter
Gouda oder Bergkäse

Fenchel-Nudel-Auflauf

Vom Fenchel das feine Grün abzupfen und fein hacken. Die Knollen putzen, waschen, in Streifen schneiden und in gesalzenem Wasser blanchieren. Mit der Schöpfkelle herausnehmen und im selben Wasser die Nudeln bissfest garen.
Die Butter in einem Topf zerlassen, das Mehl dazugeben und gut einrühren. Nach und nach die Milch unter ständigem Rühren angießen, bis die Sauce kocht und eindickt. Den Käse reiben und die Hälfte davon mit dem Fenchelgrün in die Sauce einrühren. Fenchel und Nudeln in einer eingefetteten Auflaufform verteilen, mit der Sauce begießen, den restlichen Parmesan darüber streuen und im auf 180° C vorgeheizten Ofen etwa 35 Minuten backen.

600 g Fenchel
200 g Nudeln
(z. B. Penne)
80 g Butter
4 EL Mehl
1 l Milch
200 g Parmesan

Gratinierter Staudensellerie

700 g Staudensellerie
1 l Gemüsebrühe
2 EL Olivenöl
100 ml Sahne
100 g Blauschimmelkäse
weißer Pfeffer

Staudensellerie in fingerlange Stücke schneiden, in kochender Gemüsebrühe 3 Minuten blanchieren, anschließend kalt abschrecken und abtropfen lassen. Eine Auflaufform ausfetten und die Staudenselleriestücke darin nebeneinander legen. Käse in Sahne zerdrücken, pfeffern und die Masse über dem Gemüse verteilen. Im auf 170° C vorgeheizten Backofen etwa 25 Minuten backen und mit Salzkartoffeln servieren.

Kürbiskuchen mit Feta

700 g Kürbis
(z. B. Hokkaido)
150 g Hirse
Meersalz &
Mühlenpfeffer
Muskat
1 Zwiebel
2 EL Olivenöl
2 Knoblauchzehen
1/2 Bund Petersilie
1/2 TL Oregano
250 g Quark
2 Eier
1 TL Zitronensaft
200 g Feta

Kürbis in Stücke schneiden, entkernen und in kochendem Wasser 10 Minuten weich kochen. Anschließend schälen und das Fruchtfleisch grob hacken. Hirse mit 300 ml Wasser ca. 15 Minuten weich kochen und mit Pfeffer, Salz und Muskat abschmecken. Eine fein gehackte Zwiebel in Olivenöl andünsten. Das Kürbisfleisch und fein gehackten Knoblauch dazugeben, 5 Minuten dünsten und mit Pfeffer und Salz abschmecken. Fein gehackte Petersilie und Oregano untermischen. Hirse, Quark und Eigelb miteinander verrühren, dann die Kürbismasse, steif geschlagenes Eiweiß und Zitronensaft untermischen. In eine ausgefettete Auflaufform geben, den Feta darüber zerbröseln und im auf 220° C vorgeheizten Backofen 25 bis 30 Minuten backen. Die ersten 20 Minuten sollte der Kuchen mit Alufolie abgedeckt werden.

Kohlrabigratin

Die Kohlrabi schälen und in dünne Scheiben schneiden. Mit Salz, Pfeffer und frisch geriebener Muskatnuss würzen und in eine eingefettete Auflaufform schichten. Sahne, Milch, Eier und Kräuter verquirlen, über die Kohlrabischeiben gießen und mit Mozzarellawürfeln bestreuen. Im auf 180° C vorgeheizten Ofen etwa 40 Minuten backen.

3 mittelgroße Kohlrabi
Meersalz &
Mühlenpfeffer
Muskatnuss
100 ml Sahne
150 ml Milch
2 Eier
je 1 TL Kerbel und
Petersilie
125 g Mozzarella

Lauchkuchen

Die Blätterteigplatten auftauen lassen. Dann auf einem eingefetteten Backblech aneinander legen, die Übergänge zusammendrücken und die Ränder 1 bis 2 Zentimeter hochziehen. Im auf 170° C vorgeheizten Ofen etwa 10 Minuten vorbacken und wieder herausnehmen. Den Lauch putzen, waschen und in dünne Ringe schneiden. Schinken oder Räuchertofu in kleine Würfel schneiden und mit dem Lauch auf dem Blätterteigboden verteilen. Eier, Sahne und Milch mit gewaschener und fein gehackter Petersilie sowie Salz und Pfeffer vermischen und darüber gießen. Im Ofen etwa 25 bis 30 Minuten backen.

8 Platten TK-Blätterteig
600 g Lauch
200 g gekochter Schinken oder Räuchertofu
4 Eier
50 ml Sahne
200 ml Milch
1/2 Bund Petersilie
Meersalz &
Mühlenpfeffer

Übrigens: Ein Gericht, dass sich gut auf Vorrat zubereiten lässt – der Lauchkuchen schmeckt auch kalt oder wieder aufgewärmt wunderbar.

Mairüben-Apfel-Gratin

750 g Mairüben
400 g Boskop-Äpfel
2 EL Olivenöl
Meersalz &
Mühlenpfeffer
250 ml Gemüsebrühe
200 g Emmentaler

Die Rüben putzen und schälen. Die Äpfel waschen, halbieren und das Kerngehäuse entfernen. Beides in mundgerechte Stücke schneiden und in Olivenöl einige Minuten andünsten. Mit Salz und Pfeffer würzen. Eine Auflaufform ausfetten und die Rüben-Apfel-Mischung darin verteilen. Die Gemüsebrühe angießen, den Käse darüber reiben und im auf 180° C vorgeheizten Ofen etwa 30 Minuten backen, bis die Oberfläche goldbraun ist. Zu diesem Gratin passt ein frischer Kopfsalat.

Serviervorschlag: Dieser Gratin schmeckt gut als Beilage zu rotem Fleisch.

Mairüben & Tomaten mit Gorgonzola

500 g Mairüben
500 g Tomaten
4 EL Olivenöl
150 g Gorgonzola

Die Rüben putzen, waschen und in dünne Scheiben schneiden. Die Tomaten waschen und ebenfalls in dünne Scheiben schneiden (dabei die Stielansätze entfernen). In einer ausgefetteten Form abwechselnd übereinander schichten, jeweils mit Olivenöl beträufeln und den Gorgonzola darüber zerbröseln. Im auf 175° C vorgeheizten Backofen etwa 25 bis 30 Minuten backen. Mit Reis oder Brot genießen.

Möhrenquiche

Das Mehl, 1 Prise Salz, 2 Eier und Öl verkneten, bis ein glatter Teig entsteht. Zu einer Kugel formen und zugedeckt bei Zimmertemperatur 30 Minuten ruhen lassen.
3 Eier mit geriebenem Käse und Sahne verquirlen und mit Salz und Pfeffer würzen.
Den Teig durchkneten und auf die Größe einer Springform (26 cm Durchmesser) ausrollen. Die Form einfetten, den Teig hineinlegen und den Rand hochziehen.
Die Möhren putzen, unter fließendem Wasser abbürsten und raspeln. Die Zwiebeln schälen und fein hacken. Beides mit Thymian vermischen, salzen, pfeffern und auf dem Teigboden verteilen. Die Eiermasse darüber geben und die Quiche auf mittlerer Schiene im auf 200° C vorgeheizten Ofen etwa 40 Minuten backen, bis die Oberfläche goldbraun ist.

200 g Dinkelmehl
Meersalz &
Mühlenpfeffer
5 Eier
1 EL Olivenöl
100 g Bergkäse
(z. B. Fontal)
200 ml Sahne
500 g Möhren
4 Zwiebeln
1 TL getr. Thymian

Rosenkohlgratin

Den Rosenkohl putzen, waschen und die kleinen Strünke kreuzförmig einschneiden. Die Kartoffeln schälen, waschen und in kleine Würfel schneiden. Das Gemüse in leicht gesalzenem Wasser etwa 4 Minuten kochen, abgießen und kalt abschrecken.
Eine Auflaufform mit Butter einfetten und den Rosenkohl und die Kartoffeln darin verteilen.
Die Eier mit Sahne, Salz, Pfeffer, frisch geriebener Muskatnuss und geriebenem Gouda verrühren. Die Masse über das Gemüse geben, den Parmesan darüber reiben und im auf 190° C vorgeheizten Ofen etwa 35 Minuten goldbraun backen.

800 g Rosenkohl
200 g Kartoffeln
1 EL Butter
2 Eier
100 ml Sahne
Meersalz &
Mühlenpfeffer
Muskatnuss
100 g junger Gouda
50 g Parmesan

Sauerkrautquiche

250 g Weizenmehl
(Typ 405)
150 g Butter
2 EL Dickmilch
Meersalz &
Mühlenpfeffer
2 Zwiebeln
600 g Sauerkraut
250 ml trockener
Weißwein
100 g Edamer
2 Eier
100 ml Sahne
100 ml Gemüsebrühe

Das Mehl und eine Prise Salz in einer Schüssel mischen. Etwa 130 g klein geschnittene zimmerwarme Butter und die Dickmilch dazugeben. Zu einem glatten Teig verkneten. In eine eingefettete Springform geben, dabei die Ränder 3 cm hochziehen. Im Kühlschrank etwa 1 Stunde kalt stellen.

In der Zwischenzeit die Zwiebeln schälen, würfeln und in der restlichen Butter andünsten. Das Sauerkraut dazugeben und mit Salz und Pfeffer würzen. Mit Weißwein ablöschen und bei mittlerer Hitze etwa 25 Minuten garen lassen.

Die Krautmasse gegebenenfalls abtropfen lassen und auf dem Teig verteilen. Den Edamer reiben, mit Eiern, Sahne und Gemüsebrühe mischen und über das Sauerkraut geben. Im auf 200° C vorgeheizten Ofen etwa 40 Minuten backen, bis die Quiche goldbraun ist.

Kochtipp: Wer es deftig mag, kann noch mageren Räucherspeck hinzufügen.

Spitzkohlauflauf

1 Spitzkohl
1 Zwiebel
2 Eier
100 ml Milch
Meersalz &
Mühlenpfeffer
Muskatnuss
100 g Blauschimmelkäse

Den Spitzkohl halbieren, die Blätter quer in Streifen schneiden, waschen und abtropfen lassen. Die Zwiebel schälen und in dünne Ringe schneiden. Beides gut vermischen und in einer eingefetteten Auflaufform verteilen. Eier mit Milch verquirlen und mit Salz, Pfeffer und frisch geriebener Muskatnuss abschmecken. Die Masse über das Gemüse geben und den Blauschimmelkäse darüber zerbröseln. Im auf 170° C vorgeheizten Backofen etwa 35 Minuten backen. Mit Salzkartoffeln oder Reis reichen.

Tomatengratin
mit Sardellen

Eine Auflaufform mit Olivenöl einfetten. Die
Tomaten waschen und Stielansätze entfernen. In Scheiben schneiden und ziegelartig in
die Form schichten. Die Sardellenfilets
abspülen, klein hacken und mit den Oliven
über den Tomaten verteilen.
Die Eier mit 1/2 TL Salz, Pfeffer, geschältem
und durchgepresstem Knoblauch, Salbei,
Crème fraîche und geriebenem Parmesan
verrühren und darüber gießen. Im auf 200° C
vorgeheizten Ofen 20 Minuten backen, bis
die Eiermasse stockt und goldbraun ist.

1 TL Olivenöl
750 g Tomaten
100 g Sardellenfilets
1/2 Dutzend entkernte
schwarze Oliven
2 Eier
Meersalz &
Mühlenpfeffer
2 Knoblauchzehen
1 TL getr. Salbei
25 ml Crème fraîche
50 g Parmesan

Zucchiniauflauf
mit Schafskäse

Die Nudeln al dente kochen.
Die Zwiebel schälen und grob hacken. Die
Zucchini waschen und Stielansätze entfernen.
In 1/2 cm dicke Scheiben schneiden. Mit der
Zwiebel in Olivenöl andünsten.
Eine Auflaufform einfetten. Eier mit Kräutern,
Salz und Pfeffer verrühren. Mit Zucchini,
Zwiebel und Nudeln in der Form vermengen.
Den Feta darüber zerbröseln und im auf
170° C vorgeheizten Ofen etwa 25 bis 30
Minuten backen.

400 g Nudeln
(z. B. Penne)
1 Zwiebel
600 g Zucchini
2 EL Olivenöl
2 Eier
1/2 TL Kräuter
der Provence
Meersalz &
Mühlenpfeffer
200 g Feta

Hauptgerichte

Auberginen mit pikanter Füllung

2 mittelgr. Auberginen	Die Auberginen waschen, halbieren und mit
Meersalz	einem scharfen Messer aushöhlen. Die
1 Zwiebel	Auberginenhälften beiseite legen. Das
4 EL Olivenöl	Fruchtfleisch würfeln, salzen und auf Küchen-
2 Knoblauchzehen	krepp 1 Stunde entwässern. Dann abspülen
200 g Mozzarella	und gut ausdrücken. Die Zwiebel schälen,
1 EL Kapern	fein hacken und in 3 EL Öl goldgelb dünsten.
6–8 grüne entkernte	Die Auberginenwürfel dazugeben und gold-
Oliven	braun braten. Den geschälten und durchge-
2 Eier	pressten Knoblauch untermischen und
2 EL Paniermehl	abkühlen lassen.
Mühlenpfeffer	1 Ei hart kochen und nach Erkalten pellen.
500 g Tomaten	Den Mozzarella in kleine Würfel schneiden
150 g frisch geriebener	und mit der Auberginenfarce, den Kapern,
Pecorino	Oliven, 1 Ei und Paniermehl zu einer glatten
1/2 Bund Basilikum	Masse verrühren. Mit Salz und Pfeffer
	abschmecken.

Die Tomaten waschen und klein schneiden
(dabei Stielansätze entfernen). In eine feuerfeste Form geben, salzen, pfeffern und mit
dem restlichem Öl beträufeln. Das Ei in
Scheiben schneiden und fächerartig in die
Tomaten stellen. 1/3 des Käses darüber
streuen. Das Basilikum waschen, trocken tupfen, in feine Streifen schneiden und darauf
verteilen. Die Auberginenhälften mit der Far-
ce füllen, auf die Tomaten setzen und im auf
200 °C vorgeheizten Ofen 30 Minuten
backen. Mit dem restlichen Käse bestreuen
und weitere 10 Minuten backen.

Blumenkohl mit Avocadocreme

Den Blumenkohl putzen, waschen, in
Röschen zerteilen und in leicht gesalzenem
Wasser bissfest garen. Dann kurz kalt
abschrecken.
In der Zwischenzeit die Avocado halbieren,
den Kern entfernen, schälen und das Fruchtfleisch mit dem Saft der Orange zu einer
glatten Masse verrühren. Mit Salz und Pfeffer
abschmecken und das Olivenöl unterschlagen. Blumenkohl mit der Avocadocreme
anrichten. Dazu Salzkartoffeln reichen.

1 mittelgr. Blumenkohl
1 Avocado
1 Orange
Meersalz &
Mühlenpfeffer
1 EL Olivenöl

Blumenkohl-Curry

Den Blumenkohl waschen. Die Röschen
abschneiden, waschen und in Wasser
bissfest garen.
Die Butter in einem Topf zerlassen. Curry und
Kurkuma einrühren und etwa 1/2 Minute
anrösten. Milch und Sahne angießen und
2 Minuten köcheln lassen. Das Reismehl mit
1/2 Tasse Wasser glatt anrühren, in die
Curry-Sahne geben und diese noch einmal
kurz aufkochen lassen. Mit Salz abschmecken
und die Blumenkohlröschen untermischen.
Die Petersilie waschen, fein hacken und
darüber streuen. Dazu passen Reis oder
Salzkartoffeln.

1 mittelgr. Blumenkohl
2 EL Butter
1 TL Currypulver
1 TL Kurkuma
150 ml Milch
100 ml Sahne
1 1/2 El Reismehl
Meersalz
1 Bund Petersilie

Bohnen deftig

500 g Buschbohnen
500 g Kartoffeln
100 g magerer Speck
25 g Butter
1–2 EL Mehl
250 ml Milch
100 ml Sahne
Meersalz &
Mühlenpfeffer

Die Bohnen putzen, waschen und in mundgerechte Stücke schneiden. Die Kartoffeln schälen, waschen, würfeln und mit den Bohnen in leicht gesalzenem Wasser etwa 7 Minuten garen.

In der Zwischenzeit den Speck fein würfeln und in einer Pfanne bei geringer Hitze auslassen, bis er kross ist.

Die Butter in einem Topf zerlassen und das Mehl darin kurz anschwitzen. Milch und Sahne mit Salz und Pfeffer verquirlen und dazugießen.

Bohnen und Kartoffeln in eine Auflaufform geben, den Speck untermischen und die Milch-Sahne-Mischung darüber gießen. Die Form abdecken und für 15 bis 20 Minuten in den auf 190° C vorgeheizten Backofen schieben.

Bohnensalat mit Pfefferkartoffeln & Spiegelei

600 g Stangenbohnen
1 Zwiebel
1 EL Schnittlauchröllchen
50 ml Gemüsebrühe
100 ml saure Sahne
1 EL Apfelessig
Meersalz &
Mühlenpfeffer
2 EL Olivenöl
800 g Kartoffeln
6 EL Olivenöl
4 Eier
Fett zum Braten

Die Bohnen putzen, waschen, halbieren und in leicht gesalzenem Wasser 10 Minuten blanchieren. Dann abschrecken und abkühlen lassen.

Die Zwiebel schälen und fein hacken. Mit Schnittlauchröllchen, Gemüsebrühe, saurer Sahne, Essig, Salz und Pfeffer vermischen. Zum Schluss das Olivenöl unterschlagen. Mit den Bohnen vermengen und 1 Stunde an einem kühlen Ort ziehen lassen.

Die Kartoffeln unter fließendem Wasser gründlich abbürsten und längs vierteln. In eine Schüssel geben, kräftig pfeffern, reichlich mit Olivenöl begießen und gut vermischen. Die Kartoffelviertel auf einem Blech im Ofen bei 170° C Umluft etwa

25 Minuten backen, bis sie goldbraun sind.
Kurz bevor die Pfefferkartoffeln fertig sind,
4 Spiegeleier zubereiten.

*Einkaufstipp: Stangenbohnen aus der
Region erhält man am besten zwischen Juli
und September.*

Brokkolistrudel mit Orangen-Curry-Sahne

Für den Strudel:
3 Platten TK-Blätterteig
450 g Brokkoli
350 g Speisequark
1/2 Bund Petersilie
Meersalz &
Mühlenpfeffer
50 g gekochter Schinken oder Tofu
Butter
100 g Edamer
100 ml Crème fraîche
1 EL Sesamsamen

Für die Sauce:
1 Orange
1 kleine Zwiebel
1 EL Butter
100 ml trockener Weißwein
1/2 TL Kerbel
100 ml Gemüsebrühe
100 ml Sahne
1 TL Currypulver

Die Blätterteigplatten nebeneinander auftauen lassen, an den Längsseiten zu einer Fläche gut zusammendrücken und dünn ausrollen.

Den Brokkoli putzen, waschen, in kleine Röschen teilen und in kochendem Salzwasser etwa 4 bis 5 Minuten blanchieren. In kaltem Wasser abschrecken und dann abtropfen lassen. Mit Quark und gewaschener und fein gehackter Petersilie vermischen. Leicht salzen, pfeffern und dann die Masse so auf dem Teig verteilen, dass er sich zusammenrollen lässt.

Schinken oder Tofuscheiben auf die Quarkmasse legen, den Strudel zusammenrollen und auf ein eingebuttertes Backblech legen.

Den Edamer reiben und mit der Crème fraîche vermengen. Über den Strudel verteilen und mit Sesam bestreuen. Im auf 200° C vorgeheizten Ofen etwa 35 Minuten goldbraun backen.

Für die Sauce von der Orange etwa 1/2 TL Schale abreiben und die Frucht dann pressen. Die Zwiebel schälen, fein hacken und in der Butter andünsten, ohne dass sie braun wird.

Mit Weißwein ablöschen, den Kerbel dazugeben, die Brühe angießen, ein wenig Orangenschale hinzufügen und bei geringer Hitze ungefähr auf die Hälfte der Menge reduzieren. Den Orangensaft dazugießen und nochmals um ungefähr ein Drittel reduzieren. Die Sahne und das Currypulver einrühren. Mit der restlichen Orangenschale, Salz und Pfeffer abschmecken. Die Sauce zu dem Brokkolistrudel servieren.

 Übrigens: In Scheiben aufgeschnitten, können Sie den Strudel Ihren Gästen auch als Vorspeise reichen. Er lässt sich gut bereits am Vortag zubereiten.

Brokkoli mit Pute provenzalisch

500 g Kartoffeln
500 g Brokkoli
500 g Putenbrust
2 EL Olivenöl
Meersalz &
Mühlenpfeffer
1 Zwiebel
1 Knoblauchzehe
600 ml pass. Tomaten
1 TL Kräuter der Provence
1 TL Butter
250 g Mozzarella

Die Kartoffeln unter fließendem Wasser abbürsten und halbgar kochen. Pellen und in 1/2 cm dicke Scheiben schneiden.
Den Brokkoli putzen, waschen und 3 Minuten blanchieren. Kurz abschrecken. Die Röschen ablösen und den Strunk in Würfel schneiden.
Die Putenbrust in dünne Streifen schneiden. In Olivenöl kurz anbraten, bis sie kross sind. Salzen, pfeffern und beiseite stellen.
Zwiebel und Knoblauch schälen, fein hacken und in Olivenöl andünsten. Passierte Tomaten, Kräuter der Provence, Salz und Pfeffer dazugeben und etwa 10 Minuten köcheln lassen, bis die Sauce andickt.
Eine große Auflaufform ausbuttern und Kartoffeln, Brokkoli und Putenbrust darin verteilen. Die Sauce darüber gießen und mit Mozzarellascheiben belegen. Etwa 35 Minuten im auf 180° C vorgeheizten Ofen backen, bis der Käse goldbraun ist.

Brokkoli in Grapefruitsahne

Den Brokkoli putzen, waschen und die Röschen abschneiden. In der Gemüsebrühe bissfest garen. Das Reismehl mit der Hälfte der Brühe verrühren. Die Milch und Sahne in einem Topf erhitzen. Brühe einrühren, kurz aufkochen und dann die Hitze reduzieren. Den Saft der Grapefruit einrühren, mit Salz, Pfeffer und Currypulver abschmecken und über den Brokkoli gießen. Dazu Reis reichen.

700 g Brokkoli
200 ml Gemüsebrühe
1 EL Reismehl
100 ml Milch
100 ml Sahne
1 Grapefruit
Meersalz &
Mühlenpfeffer
1/2 TL Currypulver

Brokkoli-Creme-Nudeln

Den Brokkoli putzen, waschen und aufrecht stehend in leicht gesalzenem Kochwasser 7 Minuten garen. Kalt abschrecken und die Röschen abschneiden. Den Strunk schälen und klein würfeln. Die Zwiebel fein hacken und mit den Strunkwürfeln in Olivenöl dünsten, bis die Zwiebeln glasig sind. Mit Weißwein ablöschen und pürieren. Dann die Sahne einrühren und die Sauce mit Salz, Pfeffer und frisch geriebener Muskatnuss abschmecken. Die Brokkoliröschen in die Sauce geben und kurz erhitzen. Die Bandnudeln al dente kochen, abtropfen lassen, in eine Schüssel geben und die Sauce darüber gießen.

500 g Brokkoli
1 Zwiebel
1 EL Olivenöl
75 ml trockener
Weißwein
100 ml Sahne
Meersalz &
Mühlenpfeffer
Muskatnuss
500 g Bandnudeln

Übrigens: Wenn Sie nicht viel Zeit haben – dieses Gericht ist leicht zubereitet, aber äußerst lecker.

Champignon-Creme-Nudeln

1 Zwiebel
2 EL Olivenöl
200 g Champignons
200 ml trockener Weißwein
100 ml Sahne
Meersalz & Mühlenpfeffer
Muskatnuss
500 g Bandnudeln

Die Zwiebel schälen, fein hacken und in heißem Olivenöl andünsten. Die Champignons putzen und in dünne Scheiben schneiden. Dazugeben und 5 Minuten bei mittlerer Hitze schmoren lassen. Mit Weißwein ablöschen, einkochen und die Sahne unterrühren. Mit Salz, Pfeffer und frisch geriebener Muskatnuss abschmecken. Die Bandnudeln al dente kochen, abtropfen lassen und in einer Schüssel mit der Sauce vermischen.

Chinakohl mit Ananas

1 Chinakohl
1 Ananas
3 EL Sonnenblumenöl
Meersalz & Mühlenpfeffer
1/4 TL Ingwerpulver
125 ml Gemüsebrühe
2 TL Weizenmehl
1 EL Tomatenmark
2 EL Sojasauce
2 EL Weißweinessig
1 EL Vollrohrzucker
1/2 Bund Petersilie

Die Kohlblätter abtrennen, waschen, trocken tupfen und in breite Streifen schneiden. Die Ananas schälen, in fingerdicke Scheiben schneiden, den harten Kern herauslösen und das Fruchtfleisch in kleine Würfel schneiden. Das Öl in einer Pfanne erhitzen und Kohl und Ananas darin 1 Minute unter Rühren anbraten. Eine Prise Salz, Pfeffer und Ingwer unterrühren, die Hälfte der Brühe angießen und etwa 10 Minuten bei geschlossenem Deckel köcheln lassen. Die restliche Brühe mit Mehl, Tomatenmark, Sojasauce, Essig und Zucker verrühren. In die Pfanne geben, kurz aufkochen und leicht andicken lassen. Die Petersilie waschen, trocken tupfen, fein hacken und über die Sauce streuen. Dazu Reis reichen.

 Übrigens: Wer es mag, kann vorher noch 400 g Putenbrustreifen oder anderes helles Fleisch anbraten und zu dem Gericht geben.

Creme-Spinat pikant

Den Spinat putzen, waschen und grob hacken. Die Chilischoten und Kardamonkapseln in einem Mörser zerstoßen. Zwiebel und Knoblauchzehen schälen und fein hacken. Mit den Cashewkernen in Butter andünsten. Den Spinat dazugeben, salzen, pfeffern und die Gewürze hinzufügen. Das Ganze 3 Minuten ziehen lassen. Die Sahne einrühren, erhitzen, mit Mehl bestäuben und verrühren. Zu diesem Gericht empfehlen wir Reis.

1000 g Spinat
2 getr. Chilischoten
2 Kardamonkapseln
1 Zwiebel
2 Knoblauchzehen
100 g Cashewkerne
2 EL Butter
Meersalz &
Mühlenpfeffer
75 ml Sahne
1 TL Mehl

Dicke-Bohnen-Mais-Kuchen

Die Gemüsebrühe aufkochen. Butter und Maisgrieß hineingeben und unter Rühren 5 Minuten köcheln lassen. Die Kochplatte ausschalten und die Polenta bei geschlossenem Deckel 45 Minuten quellen lassen. Dann auf ein mit Olivenöl eingefettetes Backblech streichen und im auf 170° C vorgeheizten Ofen 9 Minuten backen. Die dicken Bohnen aus den Schoten herauslösen, in leicht gesalzenem Wasser 5 Minuten kochen, abtropfen lassen und auf dem Polentaboden verteilen. Das Bohnenkraut waschen, klein zupfen und mit den Eiern und der Milch verrühren. Salzen, pfeffern und den Käse hineinbröckeln. Die Masse über den Bohnen verteilen und den Kuchen weitere 20 Minuten backen.

600 ml Gemüsebrühe
20 g Butter
150 g Maisgrieß (Polenta)
2 EL Olivenöl
1000 g dicke Bohnen
1 Zweig Bohnenkraut
3 Eier
100 ml Milch
Meersalz &
Mühlenpfeffer
100 g Blauschimmelkäse

Fenchel al Mare

1,5 kg Miesmuscheln
1−2 Zweige Thymian
2 Fenchelknollen
3 Zwiebeln
2 EL Butter
1 Knoblauchzehe
250 ml Weißwein
175 ml Sahne
1/2 Bund Petersilie
Meersalz &
Mühlenpfeffer
2 TL Weizenmehl
(Typ 405)

Die Muscheln unter kaltem Wasser gut abbürsten. Dabei geöffnete und zerbrochene Muscheln aussortieren. Den Rest in Wasser mit dem Thymian etwa 5 Minuten sieden (den Topf dabei einige Male schütteln), bis sich die Muscheln öffnen. Herausnehmen und nicht geöffnete Exemplare wegwerfen. Das Kochwasser in einen anderen Topf umschütten (Vorsicht mit dem am Boden abgelagerten Sand!). Das Muschelfleisch aus den Schalen herauslösen.

Den Fenchel putzen, waschen und in 1 cm dicke Stifte schneiden. Das Muschelwasser erhitzen und den Fenchel darin etwa 5 Minuten garen. Herausnehmen und beiseite stellen.

Die Zwiebeln schälen, fein würfeln und in Butter andünsten. Die Knoblauchzehe schälen und dazupressen. Mit Muschelwasser ablöschen und die Flüssigkeit auf ein Zehntel reduzieren. Den Weißwein dazugeben und nochmals um die Hälfte reduzieren. Den Fenchel, das Muschelfleisch, Sahne, gewaschene und fein gehackte Petersilie, Salz und Pfeffer dazugeben. Das Mehl mit etwas Wasser anrühren und in das Muschelgemüse einrühren. So lange köcheln lassen, bis die Sauce eindickt. Mit Reis servieren.

Fenchelgemüse
mit Osterlamm

Vom gewaschenen Fenchel das Grün abzupfen, hacken und beiseite legen. Die Hälfte des Öls in einem Schmortopf erhitzen und die halbierten Fenchelknollen darin kurz anbraten. Herausnehmen und beiseite stellen. Das Fleisch salzen, pfeffern, mit Küchengarn zusammenbinden und mit etwas Öl in dem Schmortopf auf allen Seiten anbraten. Die Frühlingszwiebeln putzen, waschen und klein schneiden. Die Knoblauchzehen schälen, mit einem Messer leicht zerdrücken und fein hacken. Fenchel, Frühlingszwiebeln, Knoblauch, Rosmarinzweig und Zimt zu dem Lamm geben, mit dem Wein aufgießen und auf mittlerer Schiene im auf 180° C vorgeheizten Ofen zugedeckt schmoren. Dabei gegebenenfalls Flüssigkeit nachgießen. Nach etwa 1 1/2 Stunden Fleisch und Gemüse herausnehmen und warm stellen. Die Sauce durch ein Sieb gießen und um ein Drittel einkochen. Die Butter stückchenweise mit einem Schneebesen unterschlagen, das Fenchelgrün einstreuen und die Sauce abschmecken. Das Fleisch in Scheiben schneiden und mit der Sauce und dem Gemüse servieren.

2 Fenchelknollen
4 EL Olivenöl
800 g Lammschulter
ohne Knochen
Meersalz &
schwarzer Pfeffer
1/2 Bund Frühlings-
zwiebeln
5 Knoblauchzehen
1 Zweig Rosmarin
1 Stückchen Zimtstange
250 ml Grauburgunder
100 g eiskalte Butter

Getränkevorschlag: Reichen Sie zu diesem Gericht denselben Grauburgunder, den Sie auch zum Schmoren des Fleisches verwendet haben.

Fenchel-Pasta in Walnusssauce

75 g Walnusskerne
1 Knoblauchzehe
1/2 Bund Petersilie
100 g Ricotta
Meersalz &
Mühlenpfeffer
1 EL Olivenöl
3 Fenchelknollen
500 g Nudeln
(Tagliatelle od. Farfalle)

Die Walnüsse klein hacken. Den Knoblauch schälen und fein hacken. Die Petersilie waschen, trocken tupfen und zerkleinern. Alles in einer Schüssel mit dem Ricotta, einer Prise Salz, Pfeffer und dem Olivenöl vermischen.

Den Fenchel putzen (dabei das feine Grün beiseite legen), waschen, in Streifen schneiden und in kochendem Salzwasser 4 bis 5 Minuten garen.

Die Nudeln al dente kochen, abtropfen lassen und mit dem Fenchel und der Ricotta-Masse vermischen. Das Fenchelgrün fein hacken und über das Gericht streuen.

Fenchelschiffchen auf Tomatenragout

900 g Fenchel
1 Zitrone
500 g Tomaten
6 EL Olivenöl
100 ml saure Sahne
Meersalz &
Mühlenpfeffer
1 Zwiebel
2 Knoblauchzehen
4 EL Paniermehl
1 Bund Petersilie
100 g Parmesan
1/2 Bund Dill

Die Fenchelknollen putzen, waschen und längs halbieren. Ein wenig Schale von der Zitrone abreiben. Den Saft auspressen und mit der geriebenen Schale in Salzwasser kurz aufkochen lassen. Die Fenchelhälften darin 20 Minuten zugedeckt garen. Den Sud aufbewahren.

Die Tomaten kreuzweise einschneiden, kurz in kochendes Wasser tauchen, abschrecken und enthäuten. Das Fruchtfleisch klein schneiden (dabei die Stielansätze entfernen). Eine Auflaufform mit 2 El Öl einfetten.

Die Tomaten hineingeben, dann den abgetropften Fenchel darauf setzen.

Die Sahne mit etwas Fenchelsud mischen, salzen, pfeffern und über das Gemüse gießen.

Die Zwiebel und die Knoblauchzehen schälen, fein würfeln und im restlichen Öl glasig dünsten. Dann das Paniermehl unterrühren und goldgelb rösten. Die Petersilie waschen, trocken tupfen und fein hacken. Mit dem frisch geriebenen Käse dazugeben und die Mischung auf den Fenchelhälften verteilen. Im auf 200°C vorgeheizten Ofen 20 Minuten überbacken. Vor dem Servieren gewaschenen, fein gehackten Dill über das Gratin streuen.

Grünkohl klassisch

Die Kartoffeln unter fließendem Wasser abbürsten und halbgar kochen. Pellen und in Würfel schneiden. Den Speck würfeln und in einem großen Topf bei geringer Hitze auslassen. Die Zwiebeln schälen und fein hacken. Mit den Würstchen in den Topf geben und 2 Minuten andünsten. Das Olivenöl hinzufügen, die Kartoffelwürfel untermischen und kurz anbraten.

Den Grünkohl putzen, waschen und grob hacken. Hinzugeben, kurz andünsten und die Gemüsebrühe angießen. Bei geringer Hitze ziehen lassen, bis die Kartoffeln gar sind und der Grünkohl nach Ihrem Geschmack ist. Mit Salz und Pfeffer abschmecken.

400 g mehlig kochende Kartoffeln
50 g magerer Speck
2 Zwiebeln
4 Räuchermettwürste
2 EL Olivenöl
750 g Grünkohl
500 ml Gemüsebrühe
Meersalz &
Mühlenpfeffer

Kochtipp: Am besten schmeckt diese klassische Grünkohlvariante, wenn man Gemüse und Würste einen Tag ziehen lässt.

Grünkohl mit Bandnudeln

600 g Grünkohl
200 ml Crème fraîche
4 Knoblauchzehen
4 Schalotten
2 getr. Chilischoten
3 EL Olivenöl
Meersalz &
Mühlenpfeffer
300 g Bandnudeln
120 g Parmesan

Den Grünkohl putzen, waschen und klein schneiden. In leicht gesalzenem Wasser etwa 4 Minuten blanchieren und abtropfen lassen. Die Crème fraîche erhitzen. Knoblauchzehen schälen, hineinpressen und unterrühren. Die Schalotten schälen, fein hacken und mit den zerkleinerten Chilischoten in dem Olivenöl andünsten. Den Grünkohl dazugeben, salzen und pfeffern. Die Knoblauch-Sahne unterrühren und 5 bis 10 Minuten köcheln lassen.

Die Bandnudeln al dente kochen. Den Grünkohl mit frisch geriebenem Parmesan bestreuen. Die abgetropften Nudeln auf Tellern verteilen und den Grünkohl darauf geben.

Grünkohl mit Petersilienwurzel

800 g Grünkohl
2 Mettenden
2 Zwiebeln
1 EL Olivenöl
500 g Petersilienwurzel
Meersalz &
Mühlenpfeffer
Muskat
200 ml trockener
Weißwein

Den Grünkohl putzen. Die Blätter entrappen, waschen und grob hacken. Die Mettenden in kleine Stücke schneiden. Zwiebeln schälen, in Ringe schneiden und mit den Mettenden in Olivenöl andünsten. Die Petersilienwurzeln schälen, in mundgerechte Stücke schneiden und einige Minuten mitdünsten. Den Grünkohl dazugeben, kräftig andünsten, mit Salz, Pfeffer und frisch geriebener Muskatnuss würzen und mit dem Weißwein ablöschen. Etwa 25 Minuten bei geringer Hitze dünsten und noch eine Weile ziehen lassen.

Gurken-Puten-Röllchen

Die Putensteaks leicht flach kopfen und pfeffern. Den Gorgonzola, 3 EL Schlagsahne und
grob gehackte Pistazien mischen und auf die
Steaks streichen. Mit gehackten Kräutern
bestreuen und wie Rouladen aufrollen. Die
Röllchen in der Mitte durchschneiden und die
Hälften mit Holzstäbchen feststecken.
Die Gurken schälen, längs halbieren, entkernen und in etwa 8 cm lange Stücke schneiden. Eine ofenfeste Form mit Olivenöl einfetten. Die Putenröllchen und Gurken mit der
Schnittfläche nach oben hineinstellen. Saure
und restliche Schlagsahne mit gewaschenem
und abgezupftem Dill verrühren und darüber
gießen. Im auf 175 °C vorgeheizten Ofen
etwa 40 bis 45 Minuten backen. Dazu Salzkartoffeln oder Kartoffelpüree reichen.

4 Putensteaks
à ca. 200 g
Mühlenpfeffer
100 g Gorgonzola
200 ml Schlagsahne
30 g Pistazienkerne
4 EL gehackte Kräuter
(Dill, Petersilie,
Schnittlauch)
2 kleine Landgurken
(oder 1 Salatgurke)
150 ml saure Sahne
2 EL Olivenöl
1 Bund Dill

Kohlrabi in Basilikumcreme

Die zarten Blätter von den Kohlrabi abzupfen
und beiseite legen. Die Kohlrabi schälen, halbieren und die runde Seite im Abstand von
1/2 cm tief einschneiden. Die Gemüsebrühe
erhitzen und die Kohlrabi darin etwa
10 Minuten bissfest kochen. Herausnehmen
und abkühlen lassen. Die Brühe aufbewahren.
Basilikumblättchen abzupfen, waschen und
trocken tupfen. Einen Teil des Käses in dünne
Scheiben schneiden. Basilikumblätter in die
Einschnitte der Kohlrabihälften stecken und
jede Hälfte mit einer Scheibe Käse belegen.
In einer mit Öl eingefetteten Form im auf
200° C vorgeheizten Backofen 15 Minuten
überbacken.

3 Kohlrabi
400 ml Gemüsebrühe
3 Zweige Basilikum
150 g mittelalter
Gouda
2 EL Sonnenblumenöl
1 Knoblauchzehe
1 kleine Zwiebel
1 EL Butter
1 EL Mehl
200 ml Schlagsahne
Meersalz &
Mühlenpfeffer

Knoblauch und Zwiebel schälen, fein hacken
und in Butter andünsten. Das Mehl darüber
stäuben und anschwitzen. Die Sahne und
1 Tasse Gemüsebrühe angießen. Die Kohlrabiblättchen fein hacken und einstreuen. Die
Sauce 10 Minuten köcheln lassen. Restliches
Basilikum hacken und mit dem übrigen Käse
unterrühren. Mit Salz und Pfeffer abschmecken und über die Kohlrabi gießen. Dazu
Reis reichen.

Kohlrabigratin mit Putenbrust

700 g Kohlrabi
500 g Putenbrust
Meersalz &
Mühlenpfeffer
3 EL Butter
1 mittelgroße Zwiebel
200 ml Sahne
150 g Kräuterfrischkäse
Muskatnuss
1/2 Bund Petersilie

Die zarten Blätter von den Kohlrabi abzupfen
und beiseite legen. Die Kohlrabi schälen und
in dünne Scheiben schneiden. In kochendem
Salzwasser 2 Minuten blanchieren,
abschrecken und in einem Sieb abtropfen
lassen.

Das Putenfleisch quer zur Faser in fingerdicke
Streifen schneiden, pfeffern und salzen. In
1 EL Butter in der Pfanne anbraten und
herausnehmen.

Die Zwiebel schälen, fein hacken und in der
Pfanne andünsten. Sahne und Kräuterfrischkäse dazugeben und um ein Drittel reduzieren. Mit Salz, Pfeffer und frisch geriebener
Muskatnuss würzen. Anschließend gewaschene und klein geschnittene Petersilie und
Kohlrabiblättchen unterrühren.

Eine Auflaufform mit 2 EL Butter ausfetten.
Die Kohlrabischeiben und Putenbruststreifen
darin dachziegelartig schichten. Die Käse-
sahne darüber gießen und im auf 160° C
vorgeheizten Ofen 45 Minuten backen.

Lachs auf Chinakohlbett

Den Lachs oder Rotbarsch in breite Streifen schneiden, salzen, pfeffern, mit Zitronensaft beträufeln und zugedeckt kalt stellen. Lauch und Chinakohl putzen, waschen und in dünne Ringe bzw. Streifen schneiden. Die Möhre schälen, raspeln und mit dem übrigen Gemüse in Butter andünsten. Eine ofenfeste Form ausfetten und den Fisch mit dem Gemüse abwechselnd hineinschichten. Die Sahne und den Senf verrühren und etwa 5 Minuten köcheln lassen. Den Topf von der Herdplatte nehmen und zwei Eigelb einrühren. Die Petersilie waschen, trocken tupfen, fein hacken und über Fisch und Gemüse streuen. Dann die Sauce darüber gießen. Im auf 200° C vorgeheizten Ofen etwa 25 Minuten goldbraun backen. Dazu Salzkartoffeln reichen.

800 g Lachsfilet (oder Rotbarschfilet)
Meersalz & weißer Pfeffer
1 Zitrone
2 Stangen Lauch
1 Chinakohl
1 Möhre
1 EL Butter
250 ml Sahne
3 EL Senf
2 Eigelb
1 Bund Petersilie

Getränkevorschlag: Servieren Sie dazu einen kühlen Silvaner.

Lauch-Paprika-Reiskuchen

Den Reis kochen. Den Lauch putzen, waschen und in 2 cm dicke Ringe schneiden. Die Paprikaschoten waschen, halbieren, entstielen und die weißen Samenstränge entfernen. In 1/2 cm breite Streifen schneiden. Das Gemüse in heißem Olivenöl mit der geschälten und durchgepressten Knoblauchzehe 5 Minuten andünsten. Lauch und Paprika in einer Schüssel mit dem Reis, Eiern und Kräutern gut vermengen. Mit Pfeffer und Salz würzen. In eine eingefettete Form geben, mit geriebenem Käse bestreuen und im auf 180° C vorgeheizten Backofen etwa 30 Minuten backen.

150 g Langkornreis
500 g Lauch
300 g bunte Paprika
4 EL Olivenöl
1 Knoblauchzehe
2 Eier
1/2 TL Kräuter der Provence
Meersalz & Mühlenpfeffer
150 g Bergkäse

Lauch-Heilbutt-Gratin

500 g Lauch
750 g geräucherter Heilbutt
1/2 Zitrone
Meersalz & Mühlenpfeffer
1/2 TL Oregano
1 EL Butter
2 Eigelb
150 ml Crème fraîche
80 g Parmesan

Den Lauch putzen, waschen und in etwa 1/2 cm breite Ringe schneiden. Den Heilbutt von Haut und Gräten befreien, in mundgerechte Stücke teilen und mit Zitronensaft beträufeln. Leicht salzen und pfeffern und mit Oregano bestreuen.

Eine feuerfeste Form mit Butter ausfetten und darin abwechselnd den Lauch und Heilbutt schichten; mit dem Fisch abschließen. Eigelb, Crème fraîche und frisch geriebenen Parmesan gut verquirlen, mit Salz und Pfeffer würzen und die Masse dann auf dem Fisch verteilen. Auf der mittleren Schiene im auf 200° C vorgeheizten Ofen etwa 25 Minuten überbacken.

Serviervorschlag: Dazu passen Schnittlauchkartoffeln und ein Kopfsalat mit Frühlingszwiebeln.

Lauch mit Penne & Prosciutto

400 g Lauch
2 EL Olivenöl
100 g luftgetrockneter Schinken
500 g Nudeln (Penne)
Salz
100 g Frischkäse

Den Lauch putzen, waschen, in 1 bis 2 cm breite Ringe schneiden und diese in Olivenöl bei geringer Hitze weich dünsten. Den Schinken in Streifen schneiden, untermischen und erhitzen.

Die Nudeln al dente kochen, abgießen, gut abtropfen lassen und unter den Lauch mischen. Auf Tellern verteilen und jeweils einen Klecks Frischkäse darauf geben.

Lauch mit Parmaschinken & Parmesan

Den Lauch putzen, waschen und die Stangen in insgesamt 8 Stücke schneiden. In kochendem Wasser 2 Minuten blanchieren. Gut abtropfen lassen und jeweils mit 1 Scheibe Schinken umwickeln. Die Lauchstücke in eine mit Öl eingefettete Form legen, mit frisch geriebenem Parmesan bestreuen und im auf 170° C vorgeheizten Ofen etwa 25 Minuten backen.

800 g Lauch
8 Scheiben Parmaschinken (oder ein anderer luftgetrockneter Schinken)
2 EL Olivenöl
50 g Parmesan

Übrigens: In kleine Portionen aufgeteilt, kann man dieses Gericht auch sehr gut als Vorspeise servieren.

Mairüben-Puffer mit Basilikumsauce

Die Mairüben putzen und waschen. Die Kartoffeln schälen, waschen und mit den Mairüben grob raspeln. Zwei Eigelb untermischen und mit Salz, Pfeffer sowie frisch geriebener Muskatnuss würzen. Mit einem Esslöffel Puffer von der Masse abstechen und von beiden Seiten in heißem Fett goldbraun backen. Das Basilikum waschen, trocken tupfen und in kleine Stücke zupfen. Mit dem Joghurt vermischen, mit Salz und Pfeffer abschmecken, das Olivenöl einrühren und zu den Puffern servieren.

500 g Mairüben (oder Navetten)
500 g Kartoffeln
2 Eigelb
Meersalz & Mühlenpfeffer
Muskatnuss
4 EL Sonnenblumenöl
1 Bund Basilikum
250 ml Joghurt
1 EL Olivenöl

Mangold & Möhren mit Pinienkernen

700 g Mangold
200 g Möhren
1 EL Butter
1 EL Pinienkerne
1 Knoblauchzehe
200 ml Gemüsebrühe
2 EL Mascarpone
1/2 Zitrone
Meersalz &
Mühlenpfeffer

Den Mangold putzen und waschen. Die Stiele heraus- und in kleine Stücke schneiden. Die Blätter grob zerteilen. Die Möhren putzen, waschen und in dünne Stifte schneiden. Die Butter in einer Pfanne zerlassen und die Pinienkerne leicht bräunen. Den Knoblauch schälen, fein hacken und dazugeben. Mangoldstiele und Möhren hinzufügen und 2 Minuten dünsten. Dann die Mangoldblätter untermischen. Sobald sie zusammenfallen, die Gemüsebrühe angießen und köcheln lassen, bis die Möhren gar, aber noch bissfest sind. Den Mascarpone untermischen und mit Zitronensaft, Salz und Pfeffer abschmecken. Dazu Reis reichen.

Mangold auf Basmati-Reis

150 g Basmati-Reis
700 g Mangold
1 säuerlicher Apfel
1 Zwiebel
2 EL Olivenöl
1 TL gemahlener
Koriander
100 ml Gemüsebrühe
oder trockener
Weißwein
100 ml saure Sahne
Meersalz &
Mühlenpfeffer
100 g Cashewkerne
1 EL Butter

Den Basmati-Reis kochen. Den Mangold putzen und waschen. Die Stiele herauslösen und mit den Blättern grob hacken. Den Apfel schälen, halbieren und das Kerngehäuse entfernen. In kleine Stücke schneiden. Die Zwiebel schälen und würfeln. Die Zwiebelwürfel in dem Olivenöl andünsten. Dann den Mangold, Apfelstücke und Koriander dazugeben. Etwa 5 Minuten dünsten, bis die Mangoldstiele weich sind, und mit Gemüsebrühe oder Weißwein ablöschen. Von der Herdplatte nehmen und noch 3 Minuten ziehen lassen. Die saure Sahne einrühren und mit Salz und Pfeffer abschmecken. Die Cashewkerne grob hacken und mit der Butter in einer Pfanne anrösten.
Den fertigen Reis auf Tellern anrichten, das Mangoldgemüse darauf verteilen und mit den Cashewkernen bestreuen.

Mangold-Champignon-Carbonara

Den Mangold putzen, waschen, die Stiele herausschneiden und grob hacken. Die Blätter in Streifen schneiden. Die Champignons putzen und in dünne Scheiben schneiden. Die Zwiebel schälen und fein hacken. Das Olivenöl erhitzen und die Mangoldstiele mit der Zwiebel und den Champignons 5 Minuten bei mittlerer Hitze dünsten. Die Mangoldblätter dazugeben, andünsten und mit dem Weißwein ablöschen. So lange köcheln lassen, bis die Mangoldstiele und -blätter weich sind. Währenddessen die Spaghetti al dente kochen. Abtropfen lassen und unter das Gemüse mischen.
Die Eier mit frisch geriebenem Parmesan, Salz, Pfeffer und Kräutern verquirlen und darüber geben. Gut durchmischen und so lange auf der Herdplatte lassen, bis die Eier stocken. Mit einem grünen Salat servieren.

500 g Spaghetti
500 g Mangold
150 g Champignons
1 Zwiebel
2 EL Olivenöl
100 ml trockener Weißwein
3 Eier
50 g Parmesan
Meersalz & Mühlenpfeffer
Kräuter der Provence

Mangold-Kartoffel-Kuchen

Die Kartoffeln abbürsten, in der Schale kochen, pellen und klein würfeln. Währenddessen den Mangold putzen und waschen. Die Stiele in Stücke und die Blätter in Streifen schneiden. Knoblauch und Zwiebeln schälen und fein hacken. Die Butter in einer Pfanne zerlassen und beides darin glasig dünsten. Den Mangold dazugeben, umrühren und einige Minuten dünsten, bis er zusammenfällt. Eine Form einfetten, darin Mangold und Kartoffeln vermischen und verteilen. Das Ei mit Sahne, Salz und Pfeffer verrühren und darauf gießen. Den Käse darüber reiben und im auf 180° C vorgeheizten Ofen etwa 25 Minuten backen.

200 g Kartoffeln
1 kg Mangold
2 Knoblauchzehen
2 Zwiebeln
60 g Butter
1 Ei
250 ml Sahne
Meersalz & Mühlenpfeffer
150 g Schweizer Käse

Möhren-Fenchel-Pasta

400 g Möhren
400 g Fenchel
1 Zwiebel
2 EL Olivenöl
100 ml trockener
Weißwein oder
Gemüsebrühe
100 ml Sahne
Meersalz &
Mühlenpfeffer
Muskatnuss
1 Eigelb
500 g Nudeln
(z. B. Penne)

Die Möhren und den Fenchel putzen, waschen und in mundgerechte Stücke schneiden. Die Zwiebel fein hacken und in Olivenöl glasig werden lassen. Das Gemüse dazugeben. Andünsten, mit Weißwein oder Gemüsebrühe ablöschen und bissfest garen. Die Sahne angießen und mit Salz, Pfeffer und frisch geriebener Muskatnuss abschmecken. Von der Herdplatte nehmen, das Eigelb einrühren und das Ganze mit den inzwischen al dente gekochten Nudeln vermischen.

Möhren-Kohlrabi-Soufflé

1 Bund Möhren
3 EL Butter
1 TL milder Honig
2 mittelgroße Kohlrabi
2 EL Mehl
150 ml Milch
Meersalz &
Mühlenpfeffer
Muskatnuss
4 Eier
2 EL gem. Mandeln

Die Möhren putzen, waschen und in kleine Würfel schneiden. 1 EL Butter und den Honig in einem Topf erhitzen und die Möhren unter Rühren hinzufügen. Etwas Wasser angießen und bissfest dünsten. Die Kohlrabi schälen, grob würfeln und in Salzwasser weich kochen. 1 EL Butter in einem weiteren Topf aufschäumen lassen, das Mehl hinzufügen und unter Rühren goldgelb anschwitzen. Dann nach und nach die Milch zugeben und zu einer cremigen Sauce köcheln. Den abgetropften Kohlrabi pürieren und unter die Sauce heben. Mit Salz, Pfeffer und frisch geriebener Muskatnuss abschmecken. Die abgetropften Möhren darunter mischen und abkühlen lassen. Die Eier trennen und das Eiweiß zu Schnee schlagen. Zunächst das Eigelb und dann den Eischnee unter die Mischung rühren. Eine große Auflaufform (oder vier kleine Soufflé-Förmchen) mit der verbliebenen Butter ein fetten, mit den Mandeln ausstreuen und die Gemüsefarce hineingeben. Im auf 175° C vorgeheizten Ofen 45 Minuten backen.

Kochtipp: Damit das Soufflé nicht zusammenfällt, darf es keinen Zug bekommen, solange es noch heiß ist. Schließen Sie Fenster und Tür, bevor Sie es aus dem Ofen holen.

Möhren-Mangold-Gemüse mit Heilbuttfilet

Den Mangold putzen und waschen. Die Stiele in daumenlange Stifte und die Blätter in mundgerechte Stücke schneiden. Stifte und Blätter nacheinander in kochendem Salzwasser blanchieren. Die Schale der gewaschenen Zitrone mit einem Sparschäler feinstreifig abziehen und blanchieren. Die Zwiebeln schälen und fein hacken. Die Möhren putzen, waschen und dünn hobeln. 1 EL Zwiebelwürfel, die Möhren, 100 ml Gemüsebrühe, 100 ml Weißwein und das Fischfilet in einer feuerfesten Form im auf 180° C vorgeheizten Ofen 10 Minuten garen.

In der Zwischenzeit die Hälfte der verbliebenen Zwiebelwürfel in 1 EL Butter dünsten. Den Saft der Zitrone und den übrigen Weißwein zugeben und um die Hälfte einkochen. Mit der restlichen Gemüsebrühe ablöschen und nochmals um gut die Hälfte reduzieren. Dann die Crème frâiche und die Zitronenschale hinzufügen, 4 Minuten köcheln und mit Salz und Cayennepfeffer abschmecken.

In einem kleinen Topf die übrigen Zwiebelwürfel andünsten, nacheinander die Mangoldstifte und -blätter dazugeben, mit

750 g Mangold
1 Zitrone
2 Zwiebeln
250 g Möhren
400 ml Gemüsebrühe
250 ml Weißwein
900 g Heilbuttfilet
2 EL Butter
250 ml Crème frâiche
Meersalz
Cayennepfeffer
1 EL gehackte Petersilie

➔

Salz und Cayennpfeffer würzen und 4 Minuten erhitzen.

Den Mangold auf Tellern verteilen, Heilbuttstücke und Möhren daneben anrichten und die Sauce angießen. Dazu Petersilienkartoffeln reichen.

Paprika-Pfirsich-Gemüse

500 g bunte Paprika
2 Zwiebeln
50 g Cashewkerne
2 EL Olivenöl
250 g Champignons
2 weiche Pfirsiche
Sojasauce
Meersalz &
Mühlenpfeffer
100 ml Gemüsebrühe
2 TL Reismehl

Die Paprikaschoten waschen, halbieren, Stielansätze und weiße Samenstränge entfernen. In Streifen schneiden. Die Zwiebeln schälen und in Ringe schneiden. Die Cashewkerne grob hacken und in heißem Öl anbräunen. Paprikastreifen und Zwiebelringe dazugeben und 5 Minuten dünsten. Die Champignons putzen und vierteln. Zu dem Gemüse geben und nach weiteren 5 Minuten die geschälten und grob zerkleinerten Pfirsiche hinzufügen. Andünsten, mit ein paar Spritzern Sojasauce, Salz und Pfeffer würzen und mit der Gemüsebrühe ablöschen. Etwa 10 Minuten köcheln lassen. Dann zum Andicken das Reismehl gleichmäßig einrühren. Mit Reis oder extradünnen Spaghettini servieren.

Pasta Pomodoro mit Bohnen

600 g Tomaten
2 Schalotten
1 Knoblauchzehe
2 EL Olivenöl
1 Zweig Bohnenkraut
Meersalz & Pfeffer
500 g Buschbohnen
500 g Nudeln
(z. B. Penne)
50 g Parmesan

Die Tomaten kreuzweise einritzen, kurz in kochendes Wasser geben, abschrecken und häuten. Den Stielansatz entfernen und das Fruchtfleisch grob hacken. Die Schalotten und die Knoblauchzehe schälen, fein hacken und in Olivenöl andünsten. Die Tomaten und den gewaschenen Zweig Bohnenkraut dazugeben. Bei geringer Hitze langsam einkochen lassen und mit Salz und Pfeffer abschmecken.

Das Bohnenkraut wieder herausnehmen. Die Bohnen putzen, waschen, klein schneiden und in kochendem Salzwasser 5 Minuten blanchieren. Unter die Tomatensauce mischen und bei geringer Hitze gar ziehen lassen. Die Nudeln al dente kochen und abtropfen lassen. Falls die Tomatensauce zu dickflüssig ist, mit etwas Nudelwasser strecken. Die Nudeln unter die Tomanten-Bohnen-Sauce mischen und mit frisch geriebenem Parmesan bestreuen.

Porree-Soufflé

Den Porree putzen, waschen und in dünne Ringe schneiden. Das Öl und 15 g Butter in einem Topf erhitzen und den Porree darin etwa 4 bis 5 Minuten weich dünsten, wobei er nicht bräunen sollte. Die Milch dazugeben, kurz aufkochen, den Deckel schließen und bei reduzierter Hitze weitere 5 Minuten köcheln lassen. Dann durch ein Sieb in ein Gefäß abgießen und den Porree beiseite stellen. Die restliche Butter schmelzen und das Mehl darin etwa 1 Minute unter Rühren anschwitzen. Den Topf von der Herdplatte nehmen und die Milch vorsichtig einrühren, bis eine cremige Sauce entsteht. Abkühlen lassen. Die Eier trennen. Eigelb, geriebenen Käse, den Porree und die Sauce gut vermischen. Mit Salz und Pfeffer abschmecken. Eiweiß steif schlagen und unter die Masse heben. In eine eingefettete Auflaufform geben und im auf 180° C vorgeheizten Ofen etwa 30 Minuten goldbraun backen.

300 g Porree
1 EL Sonnenblumenöl
40 g Butter
300 ml Milch
25 g Weizenmehl (Typ 405)
4 Eier
75 g Gruyère oder Emmentaler
Meersalz & Mühlenpfeffer

Rosenkohl »Rhenania«

900 g Rosenkohl
900 ml Gemüsebrühe
150 g durchwachsener Speck
1 EL Weizenmehl (Typ 405)
2 EL Butter
125 ml Milch
Meersalz & Mühlenpfeffer
Muskatnuss
1 Mettwurst
2 TL getr. Petersilie
je 50 g Gouda und Edamer

Den Rosenkohl putzen, waschen und die Strünke kreuzweise einschneiden. In 800 ml kochender Gemüsebrühe 10 Minuten garen. Den Speck in Würfel schneiden, in einer Pfanne auslassen und auf Küchenpapier entfetten.

Das Mehl in 1 EL zerlassene Butter einstäuben, unter Rühren anschwitzen und mit der Milch und 100 ml Brühe ablöschen. Klümpchenfrei verrühren, 5 Minuten köcheln lassen und mit Salz, Pfeffer und frisch geriebener Muskatnuss abschmecken.

In einer eingefetteten Auflaufform den Rosenkohl, die in Scheiben geschnittene Mettwurst und die Speckwürfel verteilen. Die Sauce darüber gießen und mit Petersilie, geriebenem Käse und Butterflöckchen bestreuen. Im auf 200° C vorgeheizten Ofen 20 Minuten backen.

Rotkohl mit Apfel

1 mittelgroßer Rotkohl
1 Zwiebel
2 EL Butter
1–2 Boskop-Äpfel
4 EL Apfelessig
125 ml Rotwein
2 EL Apfel- oder Rübenkraut
2 EL Vollrohrzucker
1 Lorbeerblatt
Meersalz & Mühlenpfeffer
1 Msp. gem. Nelken

Den Rotkohl putzen, halbieren und den Strunk entfernen. In feine Streifen schneiden. Die Zwiebel schälen, fein hacken und in einem großen Topf in der Butter andünsten. Den Rotkohl dazugeben und einige Minuten mitdünsten. In der Zwischenzeit die Äpfel halbieren, schälen und das Kerngehäuse entfernen. In Würfel schneiden und dazugeben. Mit Essig ablöschen, kurz dünsten und dann den Rotwein angießen. Apfel- oder Rübenkraut, Zucker, Lorbeerblatt, eine Prise Salz, Pfeffer und gemahlene Nelken hinzufügen, umrühren, Deckel auflegen und bei geringer Hitze 1 Stunde leicht köcheln lassen.

Rübstiel-Gorgonzola-Pasta

Die Nudeln bissfest kochen. Währenddessen den Rübstiel im Bund waschen, kräftig ausschütteln und grob hacken. Die Butter auslassen, den Rübstiel darin andünsten und mit Weißwein ablöschen. Mit Salz, Pfeffer und frisch geriebener Muskatnuss würzen und 3 Minuten bei geringer Hitze ziehen lassen. Die Nudeln abgießen, abschrecken, zu dem Rübstiel in die Pfanne geben und gut vermischen. Den Gorgonzola in die Sahne bröckeln und die Masse unter die Rübstiel-Pasta heben. Weitere 3 Minuten unter Rühren ziehen lassen.

500 g Nudeln
(z. B. Penne)
2 Bund Rübstiel
1 EL Butter
100 ml trockener
Weißwein
Meersalz &
Mühlenpfeffer
Muskatnuss
100 g Gorgonzola
100 ml Sahne

Getränkevorschlag: Zu diesem Gericht schmeckt ein Glas Apfelschorle.

Sahne-Rübchen mit Bandnudeln

Die Rübchen putzen, unter fließendem Wasser abbürsten und raspeln. Den Speck würfeln und in einer Pfanne auslassen. Rübchenraspel und Butter dazugeben und andünsten. Mit Weißwein ablöschen und einige Minuten reduzieren. Die Gemüsebrühe angießen und köcheln lassen, bis die Rübchen gar sind. Die Sahne einrühren, mit Salz und weißem Pfeffer abschmecken und mit den al dente gekochten Bandnudeln vermischen. 3 Minuten in der Pfanne ziehen lassen. Mit frisch geriebenem Parmesan bestreut servieren.

500 g Mairüben
(oder Navetten)
50 g magerer Speck
1 EL Butter
100 ml trockener
Weißwein
150 ml Gemüsebrühe
100 ml Sahne
Meersalz &
weißer Pfeffer
500 g Bandnudeln
100 g Parmesan

Sauerkrautauflauf Noisette

250 g Buchweizen
125 g Haselnüsse
400 ml Gemüsebrühe
3 mittelgroße Zwiebeln
3 säuerliche Äpfel
3 EL Olivenöl
500 g Sauerkraut
50 g Sultaninen
1 Lorbeerblatt
150 ml trockener Weißwein
Meersalz & Mühlenpfeffer
1 TL Kümmelpulver
Zimt
1 Msp. gem. Nelken
250 ml Sahne

Den Buchweizen in einem Sieb unter fließendem Wasser waschen und gut trocknen. Die Haselnüsse fein hacken. Mit dem Buchweizen in einer Pfanne ohne Fett anrösten. Dann die Gemüsebrühe dazugießen und 15 Minuten garen.

Die Zwiebeln schälen und in dünne Scheiben schneiden. Die Äpfel halbieren, schälen und das Kerngehäuse entfernen. In kleine Würfel schneiden. Die Zwiebelringe in dem Öl dünsten. Apfelwürfel, Sauerkraut, Sultaninen und Lorbeerblatt dazugeben und kurz mit andünsten. Mit Wein ablöschen und 10 Minuten köcheln lassen. Dann das Lorbeerblatt herausnehmen.

Sauerkraut und Buchweizen vermischen und mit den Gewürzen kräftig abschmecken. Die Masse in eine eingefettete Auflaufform füllen, mit der Sahne übergießen und im auf 200° C vorgeheizten Ofen 25 Minuten backen.

Schwarzwurzeln hessisch

1000 g Schwarzwurzeln
1 Zitrone
Meersalz
2 säuerliche Äpfel
3 Zwiebeln
2 EL Butter
300 ml Apfelwein
100 ml Crème fraîche
Meersalz & Mühlenpfeffer
Muskatnuss

Die Schwarzwurzeln unter fließendem Wasser abbürsten. (Dabei Küchenhandschuhe anziehen, da die Schalen abfärben.) Mit dem Saft der Zitrone in 500 ml köchelndes Salzwasser geben und bei mittlerer Hitze 20 Minuten garen. Abschrecken, abkühlen lassen, möglichst dünn schälen und in mundgerechte Stücke schneiden.

Die Äpfel halbieren, schälen und das Kerngehäuse entfernen. In kleine Würfel schneiden. Die Zwiebeln schälen und fein hacken. Apfel- und Zwiebelwürfel in der Butter andünsten.

Mit Apfelwein ablöschen und so lange köcheln lassen, bis die Äpfel weich sind. Crème fraîche unterrühren und mit Salz, Pfeffer sowie frisch geriebener Muskatnuss abschmecken. Die Schwarzwurzeln unter die Sauce mischen und 5 Minuten ziehen lassen.

Serviervorschlag: Zu Salzkartoffeln und Apfelwein servieren.

Spaghetti mit frischer Tomatensauce

Die Tomaten kreuzweise einschneiden, kurz in kochendes Wasser geben, kalt abschrecken, enthäuten und entstielen und dann grob hacken. Die Schalotten schälen, mit der Pepperoni fein hacken und, wenn gewünscht, mit geschälten und klein gehackten Knoblauchzehen in Olivenöl andünsten. Die Tomaten mit Saft dazugeben und bei geringer Hitze köcheln lassen. Nach 15 bis 20 Minuten mit Salz und Pfeffer abschmecken. Währenddessen die Spaghetti al dente kochen und abtropfen lassen.

Die Basilikumblätter waschen, trocken tupfen, klein zupfen und in die Sauce geben. Die Spaghetti in einer Schüssel mit der Sauce vermischen. Auf Tellern verteilen, mit frisch geriebenem Parmesan bestreuen und mit etwas gutem Olivenöl begießen.

500 g Tomaten
2 Schalotten
1/2 frische Pepperoni
evtl. 2 Knoblauchzehen
2 EL Olivenöl
Meersalz &
Mühlenpfeffer
500 g Spaghetti
2 Zweige Basilikum
100 g Parmesan
Olivenöl zum Begießen

Spinat satt

2000 g Spinat
1 Knoblauchzehe
2 EL Olivenöl
100 ml trockener
Weißwein
Meersalz &
Mühlenpfeffer
100 g Parmesan

Den Spinat putzen, waschen und grob hacken. Die Knoblauchzehe schälen, mit einem Messer leicht zerdrücken und fein hacken. In dem Olivenöl kurz andünsten. Dann den tropfnassen Spinat dazugeben und so lange dünsten, bis er zusammenfällt. Den Weißwein angießen, mit Salz und Pfeffer abschmecken und noch 2 Minuten ziehen lassen. Auf Tellern anrichten und mit frisch geriebenem Parmesan bestreuen. Dazu frisches Brot reichen.

 Einkaufstipp: Ein hervorragendes Gericht für den Frühsommer – dann können Sie den Geschmack des frischen, jungen Spinats voll auskosten.

Spinat-Tortilla

200 g Kartoffeln
2 Möhren
1 Zwiebel
1 EL Butter
500 g Spinat
1 Knoblauchzehe
4 Eier
100 ml Milch
Meersalz &
Mühlenpfeffer

Die Kartoffeln unter fließendem Wasser abbürsten und in der Schale gar kochen. Die Möhren putzen, waschen und in dem Kochwasser 5 Minuten mitgaren. Kartoffeln pellen, abkühlen lassen und dann mit den Möhren in kleine Würfel schneiden.
Die Zwiebel schälen, fein hacken und in einer großen Pfanne in heißer Butter andünsten. Kartoffeln und Möhren dazugeben. Den Spinat putzen, waschen und grob hacken. Mit der geschälten und fein gehackten Knoblauchzehe hinzufügen, untermischen und zusammenfallen lassen.
Die Eier trennen. Das Eigelb mit Milch, Salz und Pfeffer verquirlen. Eiweiß schaumig schlagen, darunter heben und dann die Eiermasse über das Gemüse geben. Die Tortilla an der Unterseite fest werden lassen, dann umdrehen und von der anderen Seite durchbacken.

Spinat-Reis-Auflauf

Den Reis kochen. Währenddessen den Spinat putzen, waschen und grob hacken. Die Knoblauchzehe schälen, mit einem Messer leicht zerdrücken und fein hacken. In dem Olivenöl andünsten. Dann den tropfnassen Spinat dazugeben und so lange dünsten, bis er zusammenfällt. Die Möhren putzen, waschen und raspeln. Mit dem Reis und dem Spinat gut vermischen und leicht salzen und pfeffern. In eine eingefettete Auflaufform geben, den Gorgonzola darüber bröckeln und mit Sonnenblumenkernen bestreuen. Im auf 180° C vorgeheizten Ofen backen, bis der Gorgonzola zerlaufen und leicht angebräunt ist.

150 g Langkornreis
700 g Spinat
1 Knoblauchzehe
1 EL Olivenöl
2 Möhren
Meersalz &
Mühlenpfeffer
150 g Gorgonzola
50 g Sonnenblumen-
kerne

Spitzkohl mit Dill-Forelle

Die küchenfertigen Fische waschen und trocken tupfen. Den Dill waschen, trocken tupfen, grob hacken und mit 3 EL weicher Butter, 1 EL Zitronensaft, Salz und Pfeffer gut vermischen. Die Fische mit der Dillbutter füllen. Den Spitzkohl vierteln, die Blätter in dünne Streifen schneiden und waschen. Die Schalotten schälen, in feine Ringe schneiden und in 2 EL Butter in einem Bräter glasig dünsten. Die Kohlstreifen dazugeben und etwa 10 Minuten bei geringer Hitze andünsten. Den Weißwein zum Gemüse gießen und mit Pfeffer, Salz und frisch geriebener Muskatnuss würzen. Die Fische auf den Kohl legen und mit Butterflöckchen belegen. Im auf 180° C vorgeheizten Ofen etwa 35 Minuten backen, bis sich die Fische fest anfühlen.

4 Forellen
(oder Rotbarben)
1/2 Bund Dill
7 EL Butter
1 Zitrone
Meersalz &
weißer Pfeffer
1 mittelgroßer
Spitzkohl
3 Schalotten
250 ml trockener
Weißwein
Muskatnuss

Spitzkohl mit Erdnüssen

100 g frische
Erdnusskerne
300 g Zucchini
1 mittelgroßer
Spitzkohl
2 EL Erdnuss-
oder Olivenöl
Meersalz &
Mühlenpfeffer
1 EL Sojasauce
2 TL Reismehl
100 ml Gemüsebrühe

Die Erdnüsse grob hacken, in einer Pfanne ohne Fett leicht anrösten und beiseite stellen. Die Zucchini waschen und die Stielansätze entfernen. In Würfel schneiden. Den Spitzkohl putzen, in Streifen schneiden und waschen.

Das Öl leicht erwärmen. Salz und Sojasauce dazugeben und verrühren. Die Zucchiniwürfel darin andünsten und die Erdnüsse untermischen. Den Spitzkohl dazugeben und mitdünsten. Das Reismehl in einer Tasse kalter Gemüsebrühe auflösen und damit das Gemüse ablöschen. Mit Salz und Pfeffer abschmecken und etwa 5 Minuten köcheln lassen, bis der Spitzkohl gar, aber noch bissfest ist. Schmeckt am besten mit Reis.

Tomaten-Pfannkuchen

3 Eier
300 g Vollkornmehl
300 ml Mineralwasser
mit Kohlensäure
Meersalz &
Mühlenpfeffer
300 g Tomaten
3 EL Olivenöl
100 g Bergkäse

Die Eier mit Mehl, Wasser und 1/4 TL Salz sowie ein wenig Pfeffer zu einem glatten, dünnflüssigen Teig verquirlen. 20 Minuten ruhen lassen.

Die Tomaten waschen und in Scheiben schneiden (dabei Stielansätze entfernen). Das Olivenöl in einer Pfanne erhitzen und ein Viertel des Teigs hineingießen. Ein Viertel der Tomatenscheiben darin verteilen und von einer Seite backen. Den Pfannkuchen mit Hilfe eines Tellers wenden, dabei schnell noch ein paar Tropfen Olivenöl in die Pfanne geben, und von der anderen Seite backen. Mit geriebenem Käse bestreuen, zuklappen und noch 3 bis 4 Minuten von beiden Seiten goldbräunen.

Tomaten-Lasagne
mit Mangold

Das Mehl mit etwas Salz vermischen. Öl, Ei und 4 EL Wasser dazugeben und zu einem geschmeidigen, aber nicht klebrigen Teig verkneten. Zu einer Kugel formen, in Pergamentpapier oder Klarsichtfolie wickeln und 1 Stunde im Kühlschrank ruhen lassen.
Die Tomaten waschen, Stielansätze entfernen und das Fruchtfleisch würfeln. Den Mangold waschen, die Blätter fein hacken und die Stiele in feine Streifen schneiden. Die Zwiebeln und den Knoblauch schälen und fein hacken. Den Thymian waschen und die Blättchen abzupfen. Das Gemüse mit dem Thymian vermischen und mit Salz und Pfeffer würzen.
Den Gorgonzola klein würfeln und mit Sahne und Milch bei schwacher Hitze unter Rühren schmelzen. Den frisch geriebenen Parmesan untermischen und die Sauce mit Pfeffer abschmecken.
Den Teig durchkneten, in 3 Stücke teilen und auf einer leicht bemehlten Arbeitsfläche zu dünnen Platten ausrollen. Eine eckige Auflaufform mit etwas Käsesauce ausgießen. Die Gemüsemischung abwechselnd mit den Teigplatten hineinschichten und jeweils mit etwas Sauce begießen. Mit einer Teigplatte abschließen und die restliche Sauce darüber geben. Den Mozzarella würfeln und darauf verteilen. Die Lasagne im auf 220° C vorgeheizten Ofen 45 Minuten backen.

200 g Weizenmehl (Typ 405)
Meersalz &
Mühlenpfeffer
1 EL Sonnenblumenöl
1 Ei
500 g Tomaten
300 g Mangold
3 mittelgroße Zwiebeln
1 Knoblauchzehe
1/2 Bund Thymian
150 g Gorgonzola
200 ml Sahne
80 ml Milch
30 g Parmesan
100 g Mozzarella

Topinambur in Sahnesauce

500 g Topinambur
1 Zwiebel
3 EL Olivenöl
100 ml trockener Weißwein
150 ml Sahne
Meersalz & Mühlenpfeffer
Muskatnuss
1 Eigelb
1–2 Bund Petersilie

Die Topinambur schälen, waschen und in 1 bis 2 cm dicke Scheiben schneiden. Die Zwiebel schälen und fein hacken. Beides in heißem Olivenöl andünsten, bis die Zwiebelwürfel zu bräunen beginnen. Mit dem Weißwein ablöschen. Kurz ziehen lassen und dann die Sahne einrühren. Mit Salz, Pfeffer und frisch geriebener Muskatnuss abschmecken. Mit dem Eigelb binden. Die Petersilie waschen, trocken tupfen, fein hacken und darüber streuen.
Dazu Reis reichen.

Weißkohl mit Chilihähnchen

300 g Hähnchenbrust
2 getr. Chilischoten
4 EL Olivenöl
1 mittelgroßer Weißkohl
1 Zwiebel
50 g frische Erdnüsse
40 ml Sherry
1 EL Koriandersamen
500 ml Gemüse- oder Hühnerbrühe
2 Eigelb
Meersalz & Mühlenpfeffer

Das Hähnchenfleisch in Streifen schneiden. Die getrockneten Chilischoten fein zerkrümeln. Beides gut mit Olivenöl vermischen und 15 Minuten ziehen lassen. In der Zwischenzeit den Weißkohl putzen, vierteln, waschen und in Streifen schneiden. Die Zwiebel schälen und grob hacken. Die Erdnüsse halbieren. Beides mit den Hähnchenstreifen in Olivenöl kross anbraten und mit Sherry ablöschen. Die Weißkohlstreifen untermischen, andünsten und mit Koriandersamen würzen. Die Gemüse- oder Hühnerbrühe angießen und 20 Minuten köcheln lassen. Dann das Eigelb einrühren und mit Salz und Pfeffer abschmecken. Dazu passen Reis oder Kartoffeln.

 Getränkevorschlag: Servieren Sie zu diesem Gericht einen gekühlten Rosé.

Wirsing-Curry

Den Wirsing putzen, die Blätter ablösen, waschen und grob hacken. Die Möhren ebenfalls putzen und waschen und dann fein hobeln. Die Zwiebel schälen, in kleine Würfel schneiden und in dem Olivenöl andünsten. Geschälten und durchgepressten Knoblauch, Möhren und Wirsing dazugeben. Bei mittlerer Hitze 7 Minuten garen. Die Kokosmilch angießen und mit Ingwer, Curry, Zitronensaft und Salz würzen. Die Herdplatte abstellen und 10 Minuten ziehen lassen. Kurz vor dem Servieren mit Koriander bestreuen. Zu diesem Currygericht passt sehr gut Basmati-Reis.

1 mittelgroßer Wirsing
200 g Möhren
1 Zwiebel
2 EL Olivenöl
1 Knoblauchzehe
100 ml ungesüßte Kokosmilch
2 Msp. gem. Ingwer
1 TL Currypulver
1 EL Zitronensaft
Meersalz
1 EL gehackter Koriander

Wirsingeintopf

Den Wirsing putzen, die Blätter ablösen, waschen und in Streifen schneiden. Die Zwiebeln schälen und grob hacken. In einem großen Topf mit gewürfeltem Speck – ohne geht's auch! – in Olivenöl andünsten. Die Kartoffeln schälen, klein würfeln und mit den Wirsingstreifen dazugeben. Gut andünsten, mit Salz, Pfeffer und Kümmel würzen und die Gemüsebrühe angießen. Etwa 20 Minuten bei geschlossenem Deckel köcheln lassen und dann die saure Sahne einrühren.

1 mittelgroßer Wirsing
2 Zwiebeln
evtl. 50 g magerer Speck
2 EL Olivenöl
300 g Kartoffeln
Meersalz & Mühlenpfeffer
1–2 TL Kümmel
500 ml Gemüsebrühe
100 ml saure Sahne

Kochtipp: Dieser Eintopf schmeckt am besten, wenn er einige Stunden ziehen konnte oder noch mal aufgewärmt wurde.

Wirsing-Lachs-Pasta

1 mittelgroßer Wirsing
20 g Butter
2 EL Olivenöl
50 ml trockener Weißwein
150 ml Gemüsebrühe
2 EL Zitronensaft
400 g Lachsfilet
100 ml Sahne
Meersalz & Mühlenpfeffer
Muskatnuss
500 g Bandnudeln

Den Wirsing putzen, die Blätter ablösen, waschen und in dünne Streifen schneiden. Butter mit Olivenöl erhitzen und den Wirsing darin 2 Minuten andünsten. Weißwein, Gemüsebrühe und Zitronensaft angießen. Das Lachsfilet unter fließendem Wasser abwaschen, trocken tupfen, in dünne Streifen schneiden und dazugeben. Etwa 10 Minuten köcheln lassen. Sahne hinzufügen und mit Salz, Pfeffer sowie frisch geriebener Muskatnuss abschmecken. Währenddessen die Bandnudeln al dente kochen, abtropfen lassen und mit Wirsing und Lachs vermischen.

Wirsing-Orangen mit Seezungenfilet

1 mittelgroßer Wirsing
300 g Seezungenfilet
50 g frische Erdnüsse
2 EL Sonnenblumenöl
Meersalz & Mühlenpfeffer
2 Orangen
1 TL Reismehl
1/2 Bund Petersilie

Den Wirsing putzen, die Blätter ablösen, waschen und in feine Streifen schneiden. Das Seezungenfilet waschen, trocken tupfen und ebenfalls in dünne Streifen schneiden. Die Erdnüsse schälen, grob hacken und in heißem Öl etwas bräunen. Den Fisch dazugeben und rundum andünsten. Anschließend den Wirsing hinzufügen. Salzen, pfeffern, vorsichtig vermischen und weitere 2 Minuten dünsten. Mit dem ausgespressten Saft der Orangen ablöschen und noch 5 Minuten bei geringer Hitze schmoren lassen. Das Reismehl einrühren und noch einmal kurz aufkochen lassen. Die Petersilie waschen, trocken tupfen, fein hacken und darüber streuen. Dazu Reis reichen.

Einkaufstipp: Dieses Gericht schmeckt am besten mit jungem Wirsing, den man im Frühsommer erhält.

Wirsingrouladen
mit Parmesan

Den Reis kochen. 12 Wirsingblätter ablösen, waschen und in kochendem Wasser 8 Minuten blanchieren. Abschrecken und die Strünke herausschneiden. Die Tomaten waschen und in möglichst kleine Würfel schneiden (dabei den Stielansatz entfernen). Leicht salzen und pfeffern und mit dem gar gekochten Reis sowie frisch geriebenem Parmesan gut vermischen. Die Masse auf den Wirsingblättern verteilen, diese zusammenrollen und eventuell mit Küchengarn oder Holzstäbchen fixieren. In eine Auflaufform geben und mit der Gemüsebrühe begießen. Im auf 170° C vorgeheizten Backofen etwa 25 Minuten backen. Dabei die Rouladen mehrmals mit der Brühe übergießen. Kurz vor dem Servieren die Sahne in die Brühe einrühren, die Rouladen oben kreuzweise anschneiden und mit der Sauce begießen.

150 g Langkornreis
1 mittelgroßer Wirsing
300 g Tomaten
Meersalz &
Mühlenpfeffer
100 g Parmesan
250 ml Gemüsebrühe
50 ml Sahne

Wirsingtopf mit Möhren

Den Wirsing putzen, die Blätter vom harten Strunk befreien, waschen und grob hacken. Die Möhren putzen, waschen und in dünne Scheiben hobeln. Die Zwiebeln schälen und in dünne Ringe schneiden. Den Speck, falls gewünscht, würfeln und mit den Zwiebelringen in heißem Olivenöl andünsten. Möhrenscheiben und Wirsing dazugeben. Kurz mitdünsten und dann die Gemüsebrühe angießen sowie den Senf einrühren. Etwa 10 Minuten bei mittlerer Hitze köcheln lassen. Dann die Crème fraîche unterrühren und mit Salz und Pfeffer abschmecken. Dazu Salzkartoffeln reichen.

1 mittelgroßer Wirsing
2 Möhren
2 Zwiebeln
evtl. 50 g magerer Speck
3 EL Olivenöl
200 ml Gemüsebrühe
2 TL mittelscharfer Senf
100 ml Crème fraîche
Meersalz &
Mühlenpfeffer

Zucchini-Schafskäse-Pizza

400 g Weizenmehl (Typ 405)
40 g frische Hefe
1 TL Kräutersalz
1 Knoblauchzehe
8 EL Olivenöl
300 g Tomaten
700 g Zucchini
1 Zwiebel
Meersalz & Mühlenpfeffer
1/2 Bund Basilikum
100 g entkernte schwarze Oliven
250 g Schafskäse

Das Mehl in eine Schüssel sieben und in die Mitte eine Mulde drücken. Darin die zerbröckelte Hefe mit 150 ml lauwarmem Wasser, Kräutersalz, dem geschälten und durchgepressten Knoblauch und 1 EL Öl verrühren. Mit Mehl bestäuben, abdecken und an einem warmen Ort 20 Minuten gehen lassen. Dann mit 50 ml Wasser zu einem geschmeidigen Teig verkneten. Erneut mit Mehl bestäuben, abdecken und weitere 40 Minuten gehen lassen.

Währenddessen die Tomaten kreuzweise einschneiden, kurz in kochendes Wasser geben, abschrecken und häuten. Die Stielansätze entfernen und das Fruchtfleisch in kleine Würfel schneiden. Die Zucchini waschen, entstielen und in dünne Scheiben schneiden. Die Zwiebel schälen, fein würfeln und in 4 EL Öl kurz anbraten. Die Zucchinischeiben dazugeben, salzen, pfeffern und mit gewaschenen und gehackten Basilikumblättern bestreuen. Unter Schwenken kurz anbraten und beiseite stellen.

Den Teig auf einer bemehlten Arbeitsfläche eckig ausrollen und auf ein eingeöltes Backblech legen. Die Tomaten darauf verteilen und leicht mit Salz und Pfeffer würzen. Zucchini, Oliven und gewürfelten Schafskäse darauf geben und alles mit 3 EL Öl beträufeln. Im auf 220° C vorgeheizten Ofen auf der mittleren Schiene 30 Minuten kross backen.

Zucchini-Spinat-Risotto

Die Zwiebeln schälen und fein hacken. Den Spinat und die Zucchini waschen und beides klein schneiden. Die Hälfte der Butter mit dem Olivenöl in einem Topf zerlassen und darin zuerst die Zucchini einige Minuten andünsten. Dann den Spinat dazugeben und so lange dünsten, bis er zusammenfällt. Reis und Safran hinzufügen und gut verrühren. Wenn der Reis das Fett aufgesogen hat, einen Teil des Weißweins und der Gemüsebrühe dazugeben. Mit Salz, Pfeffer und Oregano würzen, aufkochen lassen und unter ständigem Rühren köcheln lassen. Dabei immer wieder Flüssigkeit zugeben, bis ein cremiges Risotto entsteht. Den Topf von der Herdplatte nehmen und weitere 5 Minuten ziehen lassen. Zum Schluss die restliche Butter und den frisch geriebenen Parmesan einrühren.

2 kleine Zwiebeln
500 g Spinat
300 g Zucchini
60 g Butter
3 EL Olivenöl
150 g Risotto-Reis
1 Prise Safran
150 ml trockener Weißwein
300 ml Gemüsebrühe
Meersalz & Mühlenpfeffer
1/2 TL Oregano
60 g Parmesan

Getränkevorschlag:
Mit einem Glas Pinot grigio genießen.

Desserts

Apfel im Schlafrock

2 säuerliche Äpfel
4 Platten TK-Blätterteig
1/2 TL Zimt
1 Eigelb
Puderzucker

Die Äpfel halbieren, entkernen und schälen. Die Blätterteigplatten auftauen und ein wenig ausrollen. Auf jede Platte eine Apfelhälfte in die Mitte legen, mit Zimt bestäuben und den Blätterteig darüber zusammenfalten. Mit Eigelb bestreichen und im auf 200° C vorgeheizten Ofen etwa 25 Minuten backen. Vor dem Servieren mit Puderzucker bestreuen.

Apfel mit Bananensahne

2 Bananen
1 Zitrone
200 ml Milch
100 ml Sahne
2 Äpfel

Die Bananen schälen und mit ein paar Spritzern Zitronensaft und Milch pürieren. Die Sahne steif schlagen und darunter heben. Kurz vor dem Servieren die Äpfel schälen, entkernen und reiben. Auf Tellern portionieren und die Bananen-Sahne darüber verteilen.

Feine Apfelgrütze

400 g säuerliche Äpfel
150 ml Apfelsaft
1 EL Rosinen
1 Zitrone
2 TL milder Honig
2 EL Grappa
1 EL Reismehl

Die Äpfel schälen, entkernen und würfeln. Mit Apfelsaft, Rosinen, abgeriebener Zitronenschale und Honig in einem Topf dünsten, bis die Äpfel weich sind. Die Apfelstücke in einem Sieb über dem Topf abtropfen lassen, mit dem Grappa vermengen und 1 Stunde ziehen lassen.

Dann den Abtropfsaft erneut erhitzen, das Reismehl einrühren und 2 Minuten köcheln. Mit den Apfelstücken vermengen und abkühlen lassen. Die feine Apfelgrütze kann man auf kleinen Tellern angerichtet zum Beispiel mit einem Schuss Schlagsahne begießen.

Apfelmilchreis

Die Milch mit der aufgeritzten Vanilleschote, dem Zucker und einer Prise Salz aufkochen. Den Reis dazugeben, aufkochen, die Herdplatte abstellen und den Reis bei geschlossenem Deckel etwa 1/2 Stunde quellen lassen. Die Äpfel schälen, entkernen und fein reiben. Kurz vor dem Servieren unter den Reis mischen.

700 ml Milch
1/2 Vanilleschote
Salz
100 g Zucker
100 g Rundkornreis
2 säuerliche Äpfel

Apfelpfannkuchen

Die Äpfel waschen, halbieren und das Kerngehäuse entfernen. In dünne Scheiben schneiden.
Die Eier mit Mehl, Zucker, Mineralwasser und einer Prise Salz zu einem glatten Teig verquirlen.
Die Butter in einer Pfanne erhitzen. Je ein Viertel der Apfelscheiben anbraten und ein Viertel des Teigs angießen. Backen bis der Teig fest ist, in der Pfanne wenden und von der anderen Seite durchbacken. Die fertigen Pfannkuchen im Backofen warm halten. Vor dem Servieren mit Puderzucker bestäuben.

2 säuerliche Äpfel
3 Eier
300 g Weizenmehl
2 EL Zucker
500 ml Mineralwasser mit Kohlensäure
Salz
2 EL Butter
1 EL Puderzucker

Gebackene Apfelringe

Das Mehl mit etwa 200 ml Wasser zu einem glatten Teig verrühren und 1 Stunde ruhen lassen.
Die Äpfel schälen, entkernen und in Ringe schneiden. Diese durch den Teig ziehen und in heißer Butter von beiden Seiten goldbraun backen. Anschließend mit Zucker bestreuen.

300 g Weizen- oder Dinkelmehl
4 säuerliche Äpfel
4 EL Butter
Vollrohrzucker

Apfelsorbet

600 g Äpfel
100 ml Apfelsaft
100 g Zucker
1 Zitrone
20 ml Calvados
1 Eiweiß

Die Äpfel schälen, entkernen und in kleine Stücke schneiden. Den Apfelsaft mit dem Zucker aufkochen. Die Apfelstücke hinzugeben und weich kochen. Durch ein Sieb passieren und mit dem Saft der Zitrone und Calvados abschmecken. Das Eiweiß steif schlagen und darunter ziehen. Die Masse in eine flache Form geben und für 4 Stunden ins Tiefkühlfach stellen. Während des Gefrierens mehrmals gut durchrühren. Vom festen Sorbet Portionen abstechen und mit einem Schuss Sahne oder heißer Vanillesauce anrichten.

Aprikosenkompott

500 g Aprikosen
250 ml trockener Weißwein
1 Zimtstange
3 EL Zucker
100 ml Sahne

Die Aprikosen etwa 3 Minuten in kochendes Wasser geben. Anschließend mit einem Messer die Haut abziehen, halbieren und entkernen. Mit Weißwein und der Zimtstange in einen Topf geben, mit Zucker bestreuen, aufkochen und 3 Minuten köcheln. Etwas abkühlen lassen, die Zimtstange herausnehmen, portionieren und jeweils noch einen Schuss Sahne darüber geben.

Bananen-Kiwi-Shake

3 Bananen
2 Kiwis
100 g Quark
800 ml Milch

Die Bananen und Kiwis schälen und klein schneiden. Mit dem Quark und der Milch im Küchenmixer oder mit dem Pürierstab verquirlen. Je nach Geschmack noch mit 1 EL Himbeer- oder Erdbeermarmelade süßen.

Bananenmuffins mit Schokohut

Die Eier mit dem Zucker verquirlen. Dann den Joghurt und Öl untermischen. Die Bananen schälen, mit einer Gabel zerdrücken und unterheben. Das Mehl mit Backpulver, Vanillezucker und einer Prise Salz mischen und unter die Bananenmasse rühren. Den Teig in eingefettete Muffinformen füllen. Im auf 180° C vorgeheizten Ofen etwa 25 Minuten backen.
Die Schokolade in einem Topf im Wasserbad bei geringer Hitze schmelzen lassen. Die abgekühlten Muffins kopfüber hineintauchen und den Schokoladenüberzug fest werden lassen.

2 Eier
100 g brauner Zucker
250 ml Joghurt
6 EL Sonnenblumenöl
3 reife Bananen
250 g Mehl
2 TL Backpulver
1/2 TL Vanillezucker
Salz
100 g Schokolade (zartbitter)

Gebratene Bananen

Die Bananen schälen und längs halbieren. Das Wasser leicht erwärmen, den Honig darin auflösen und mit dem Reismehl sowie den Kokosraspeln zu einem glatten Teig verrühren. 20 Minuten quellen lassen. Die Bananen durch den Teig ziehen und in heißem Öl goldbraun backen.

4 Bananen
150 ml Wasser
2 TL milder Honig
3 EL Reismehl
2 EL Kokosraspel
8 EL Sonnenblumenöl

Serviervorschlag: Mit Vanilleeis und/oder roter Marmelade heiß genießen.

Birne mit Schokoknusper

Die Birnen schälen, halbieren und entkernen. In einem Topf 1/2 l Wasser mit Zucker, aufgeritzter Vanilleschote und Zitronensaft aufkochen lassen. Die Birnenhälften ins siedende Wasser geben, etwa 15 Minuten ziehen und im Sud abkühlen lassen. Die Schokolade in einem Topf im Wasserbad

2 reife Birnen
50 g Vollrohrzucker
1/4 Vanilleschote
1/2 Zitrone
100 g Schokolade
2 EL Butter
100 g grobe Haferflocken

➔

schmelzen. Die Butter in einer Pfanne erhitzen und darin die Haferflocken unter Rühren anrösten. Zu der geschmolzenen Schokolade geben und damit vermengen. Die Schoko-haferflocken auf Pergamentpapier auslegen und abkühlen lassen. Über die Birnenhälften streuen und servieren.

Feine Birnengrütze

3 Birnen
150 ml Apfel-
oder Birnensaft
1 Zitrone
1 TL Honig
1 TL Tapiokamehl (oder
andere Speisestärke)
100 ml Sahne

Die Birnen schälen, entkernen und in dünne Scheiben schneiden. Den Fruchtsaft mit dem Saft der Zitrone sowie dem Honig erhitzen und die Birnenstücke darin etwa 15 Minuten leicht köcheln lassen. Die Fruchtmasse über einem Topf abtropfen lassen und kalt stellen. Den Abtropfsaft nach 1 Stunde wieder erhitzen, Tapiokamehl einrieseln, gut durchrühren und 5 Minuten ziehen lassen.
Die kalte Fruchtmasse auf Tellern verteilen und darüber die heiße Sauce und je einen Schuss Sahne gießen.

Pochierte Birnen
mit Himbeersahne

2 Birnen
1 Zitrone
4 EL Zucker
2 Vanilleschoten
4 EL brauner Zucker
150 ml Sahne
2 TL Himbeermarmelade

Die Birnen halbieren, entkernen und dünn schälen. 400 ml Wasser aufkochen und mit Saft und Schale der Zitrone, Zucker und aufgeritzten Vanilleschoten etwa 15 Minuten köchelnd reduzieren. Die Birnenhälften hineingeben und 5 Minuten weich kochen. Im Sud abkühlen lassen.
Die Sahne steif schlagen. Dann die Himbeermarmelade unterziehen. Die Birnen auf Tellern verteilen, mit etwas Sud begießen und die Sahne darauf verteilen.

Biskuitrolle
mit Himbeeren

Die Eier mit Zucker und 1 Prise Salz kräftig verquirlen. Dann das Mehl einarbeiten. Die Masse auf einem mit Backpapier ausgelegten Blech fingerdick ausstreichen und im auf 180° C vorgeheizten Ofen 10 bis 12 Minuten backen. Ein Küchentuch mit etwas Zucker bestreuen und die Biskuitplatte darauf stürzen. Das Backpapier abziehen. Die Himbeeren waschen und gut trocknen. Die Sahne leicht süßen, steif schlagen und auf den Biskuit streichen. Die Himbeeren darauf verteilen. Vorsichtig zusammenrollen und vor dem Servieren in Scheiben schneiden.

4 Eier
150 g Zucker
Salz
130 g Mehl
250 g Himbeeren
300 ml Sahne

Kochtipp: Beobachten Sie sorgfältig den Backvorgang des Teigs – es muss ein goldgelber, elastischer Biskuit entstehen, der sich noch rollen lässt!

Erdbeeren mit
Mascarponeschaum

Den Mascarpone mit Quark, Sahne, Milch, Honig und Vanille verrühren und mit einem Handmixer schaumig schlagen. Kalt stellen. Die Erdbeeren waschen, entstielen und vierteln. Mit etwas Zucker bestreuen und 15 Minuten ziehen lassen. Anschließend unter den Mascarponeschaum rühren.

150 g Mascarpone
200 g Magerquark
100 ml Sahne
100 ml Milch
2 TL milder Honig
1 Msp. gem. Vanille
250 g Erdbeeren
1 TL Zucker

Johannisbeer-Shake

500 g rote Johannisbeeren
800 ml frische Vollmilch
1 TL Vanillezucker
5 Eiswürfel

Die Johannisbeeren waschen und entrappen. Eine Hand voll beiseite legen. Die Übrigen mit der Milch, dem Vanillezucker und den Eiswürfeln in den Mixer geben. Kurz durchmixen, bis die Milch dickflüssig ist. In Gläser füllen und mit den restlichen Johannisbeeren garniert servieren.

Übrigens: Statt Johannisbeeren können Sie für diesen Shake auch andere säuerliche Gartenfrüchte wie Stachelbeeren oder Sauerkirschen verwenden. Erd- und Himbeeren sind ebenfalls möglich – falls die Milch nicht dick wird, gibt man einen Spritzer Zitronensaft hinzu.

Kiwi im Schlafrock

3 Kiwis
4 Platten TK-Blätterteig
4 EL Vanillejoghurt
1 Eigelb

Die Kiwis schälen und in Scheiben schneiden. Die Blätterteigplatten auftauen und ausrollen. Mit jeweils 1 EL Joghurt bestreichen, mit Kiwischeiben belegen und zusammenfalten. Den Teig mit dem Eigelb bestreichen und im auf 180° C vorgeheizten Ofen etwa 20 Minuten goldbraun backen.

Kiwi-Himbeer-Quark

2 Kiwis
150 ml Sahne
250 g Quark
1 Banane
3 TL Himbeermarmelade

Die Kiwis schälen. Eine Kiwi in kleine Würfel und die andere in dünne Scheiben schneiden. Die Sahne steif schlagen und dann den Quark unterschlagen. Die Banane schälen, klein schneiden und mit den Kiwiwürfeln und der Himbeermarmelade mit dem Mixer unterziehen. Den Quark auf Tellern verteilen und mit Kiwischeiben belegen.

Mango-Apfel-Eis

Die Sahne steif schlagen. Die Mango halbieren, das Fruchtfleisch vom Kern lösen und in kleine Stücke schneiden. Den Apfel schälen, entkernen und in kleine Stücke schneiden. Das Obst im Mixer mit dem Honig und Ingwer pürieren. Dann unter die Sahne heben. Für mindestens 4 Stunden in das Tiefkühlfach stellen.

125 ml Sahne
1 Mango
1 Apfel
50 g milder Honig
2 Msp. gem. Ingwer

Mediterrane Apfelkaltschale

Die Schale der gewaschenen Zitrone mit einem Sparschäler abziehen, die Kardamonkapseln mit dem Messer zerdrücken und die geschwaschenen Thymianblättchen vom Zweig zupfen. Alle drei Zutaten mit dem Apfelsaft in einen Topf geben und aufkochen. Die Zitronenschale herausnehmen. Tapioka- oder Reismehl einrühren und bei geringer Hitze 10 Minuten köcheln lassen. Die Äpfel vierteln, schälen, entkernen und mit dem Zucker hinzufügen. Nochmals aufkochen, gut durchrühren und abkühlen lassen. Pur oder mit Vanillesauce genießen.

1 Zitrone
5 Kardamonkapseln
4 Zweige Thymian
1 l Apfelsaft
75 g Tapioka- oder Reismehl
3 säuerliche Äpfel
2 EL Zucker oder Ahornsirup

Milchreis mit Pfirsichen

Die Milch mit der Vanilleschote, dem Zucker und einer Prise Salz aufkochen. Den Reis dazugeben, aufkochen, die Herdplatte abstellen und den Reis bei geschlossenem Deckel etwa 1/2 Stunde quellen lassen. In der Zwischenzeit die Pfirsiche entkernen und in feine Streifen schneiden. Den Orangensaft erhitzen und die Pfirsiche hineingeben. Umrühren, abdecken und die Herdplatte abstellen. Den Milchreis in eine Schüssel füllen und mit der Pfirsichmasse begießen.

700 ml Milch
1/2 Vanilleschote
100 g Zucker
Salz
100 g Rundkornreis
2 Pfirsiche
200 ml Orangensaft

Nektarinensorbet

3 Nektarinen
500 ml Orangensaft
1 TL Zucker, milder
Honig oder Ahornsirup
100 ml Sahne

Die Nektarinen schälen, entkernen, in kleine Stücke schneiden und im Mixer mit dem Orangensaft pürieren. Je nach Geschmack mit Zucker, Honig oder Ahornsirup süßen. Für 3 Stunden in das Tiefkühlfach stellen. Dann mit einem Messer zerkleinern und anschließend mit dem Pürierstab zu einer geschmeidigen Masse verarbeiten. Portionieren und mit je einem Schuss Sahne begießen.

Obstsalat mit Sahnequark

500 g Erdbeeren
2 Birnen
2 Bananen
1 EL Zucker
100 ml Sahne
250 g Quark

Die Erdbeeren waschen und entstielen. Die Birnen waschen, halbieren und entkernen. Bananen schälen und mit dem übrigen Obst in kleine Stücke schneiden. Mit etwas Zucker bestreuen, vermischen und 15 Minuten abgedeckt ziehen lassen.
Die Sahne steif schlagen und leicht süßen. Dann mit dem Mixer den Quark untermischen, bis eine cremige Masse ensteht. Auf Tellern verteilen und den Obstsalat darauf anrichten.

Orangen mit Sahnequark

3 Orangen
200 ml Sahne
200 g Quark
2 TL milder Honig
1 TL Kakaopulver

Die Orangen schälen, filetieren und in kleine Stücke schneiden. Die Sahne steif schlagen. Den Quark und den Honig dazugeben und mit dem Mixer zu einer glatten Masse verrühren. Die Orangenstückchen unterheben und das Ganze mit Kakaopulver bestäuben.

Orangen-Apfel-Sorbet mit Schokoladenguss

Die Orangen auspressen und die Äpfel entsaften. Beide Säfte vermischen, süßen und für mindestens 3 Stunden in das Tiefkühlfach stellen. Herausnehmen, antauen lassen, mit einem Messer zerkleinern und mit dem Pürierstab schlagen, bis eine geschmeidige Masse entsteht.
Einen kleinen Topf in einem Wasserbad erhitzen, die Schokolade darin schmelzen und über die mit einem Löffel abgestochenen Sorbet-Portionen gießen.

3 Orangen
3 säuerliche Äpfel
2 EL Zucker oder milder Honig
100 g Vollmilchschokolade

Pflaumenpüree mit Vanilleeis

Die Pflaumen waschen, entkernen und klein schneiden. 500 ml Wasser erhitzen, die Pflaumen dazugeben, 5 Minuten köcheln lassen und mit etwas Zimt würzen. Im Mixer pürieren. Je nach Geschmack mit Zucker oder Apfeldicksaft süßen und leicht erwärmen. Das Vanilleeis portionieren und das warme Pflaumenpüree darüber gießen.

500 g Pflaumen
Zimt
evtl. Zucker oder Apfeldicksaft
500 g Vanilleeis

Kochtipp: Statt in Wasser und Zimt kann man die Pflaumen auch in dem Saft einer Orange weich kochen.

Rhabarber mit Vanille-Parfait

Das Eigelb und 2 EL Honig mit dem aus der Schote gekratzten Vanillemark und einer Prise Salz schaumig schlagen, bis eine sämige Masse entsteht. Die Sahne steif schlagen und unterziehen. Die Creme in vier Schälchen

4 Eigelb
5 EL milder Honig
1 Vanilleschote
200 ml Sahne
Salz

500 g Rhabarber	füllen und für 6 Stunden tiefkühlen (-18° C).
1 EL Butter	Den Rhabarber putzen, schälen und klein
75 g Zucker	schneiden. Mit etwa 5 EL Wasser sowie 3 EL
1 Zitrone	Honig bei mittlerer Hitze etwa
2 EL Butter	5 Minuten köcheln.

Eine Auflaufform ausfetten. Die gekochten Rhabarberstücke darin verteilen. Den Zucker mit abgeriebener Zitronenschale mischen, auf den Rhabarber streuen und die Butter in Flöckchen darauf verteilen.

Etwa 20 Minuten im auf 200° C vorgeheizten Ofen überbacken. Mit dem leicht angetauten Vanilleparfait servieren.

Rhabarberkuchen

800 g Rhabarber	Die Stielenden und Blattansätze vom Rhabar-
3 Eier	ber entfernen. Die Stangen waschen und in
100 g Butter	kleine Stücke schneiden.
250 g Rohrzucker	Die Eier trennen. Aus Eigelb, Butter, der Hälf-
200 g Mehl	te des Rohrzuckers, Mehl, Backpulver, der aus-
1 TL Backpulver	gekratzten Vanilleschote und Milch einen
1 Vanilleschote	Teig kneten und in eine eingefettete Spring-
3 EL Milch	form geben. Den Rhabarber auf dem Teig ver-
1 EL Zitronensaft	teilen und im auf 180° C vorgeheizten Ofen

etwa 30 Minuten backen, bis der Teig zu bräunen beginnt.

Inzwischen die Eiweiß steif schlagen und nach und nach unter weiterem Rühren den Zitronensaft einträufeln und den übrigen Rohrzucker einrieseln. Die Springform aus dem Ofen nehmen, die Masse auf dem Rhabarber verteilen und mit Backpapier abgedeckt weitere 30 Minuten bei 150° C backen.

Schokoladenmousse mit Karamel-Bananen

Die Schokoladen-Kuvertüre und den Nougat klein schneiden und in einer Schüssel im Wasserbad auflösen. In einer zweiten Schüssel im Wasserbad das Ei mit dem Eigelb und dem Rum aufschlagen, bis die Masse etwas Stand hat. Die Schokolade mit dem Nougat hineinrühren. Die Sahne schlagen und unterheben. Die Mousse im Kühlschrank kalt stellen.

In einer Pfanne den Zucker erhitzen, bis er karamelisiert, und die in Scheiben geschnittenen Bananen darin wenden. Mit einem Löffel Nocken von der Mousse abstechen, auf Tellern anrichten und die Bananenscheiben drumherum verteilen.

100 g Schokoladen-Kuvertüre (zartbitter)
30 g Nougat
1 Ei
1 Eigelb
1 cl Rum
300 ml Sahne
1 TL Rohrzucker
2 Bananen

Zimt-Apfelsahne

Die Äpfel halbieren, entkernen, schälen und fein reiben. Die Sahne steif schlagen und mit Zucker süßen. Mit den geriebenen Äpfeln und Zimt gut vermischen und im Kühlschrank für 1 Stunde kalt stellen.

2 säuerliche Äpfel
150 ml Sahne
2 TL Zucker
1 TL Zimt

Register

Register

Der Illustrator

Norman Junge (geb. 1938) lebt als freischaffender Künstler in Köln. Bekannt wurde er vor allem als Zeichner lyrischer Bilder, die unter anderem zu Texten von Ernst Jandl (»immer höher«, »fünfter sein«, »Antipoden«) und Christian Morgenstern (»Der Schnupfen«) entstanden, und durch die Filme, die er für die »Sendung mit der Maus« geschaffen hat. Für seine Bilderbücher ist er mit zahlreichen deutschen und internationalen Preisen ausgezeichnet worden, darunter 1998 mit dem Premio Bologna Ragazzi für »fünfter sein«, für das er auch für den Deutschen Jugendliteraturpreis nominiert wurde und den Luchs und Jahres-Luchs von Radio Bremen und der ZEIT erhielt. Weitere Publikationen von Norman Junge sind unter anderem »Ottos Mops« »Jakob und seine 200 Großväter« und »Der Schlafbewacher«.

Die Illustration auf S. 48 stammt aus dem Buch »Jakob und seine 200 Großväter«, das im Beltz Verlag erschienen ist; die Zeichnung auf S. 132 aus »Der Schlafbewacher«, erschienen im Gabriel Verlag im K. Thienemanns Verlag. Die Zeichnungen auf den Seiten 34, 82 und 92 basieren auf Illustrationen zu Texten von Rosita Blissenbach.

Weine aus Ökologischem Anbau

**„Zur Mangold-Lachs-Lasagne
empfehlen wir…"**

Deutsche und europäische Ökoweine

zu Ihrem Leibgericht oder
Festmenü bietet, liefert,
versendet

carpe vinum

Manfred Becker · Dellbrücker Hauptstr. 154 · 51069 Köln-Dellbrück
Tel.: 0221 - 66 39 051 · Fax: 0221 - 66 39 052 · info@carpe vinum.de

car|pe vi|num!: [lat.: „pflücke…"] nutze den Wein!